Paula Shields

Heilung der Seele

Wie Gott
Verletzungen des Lebens heilt

AGLOW®
INTERNATIONAL

ISBN 3-9521327-0-5

Titel der Originalausgabe: Healing of the Soul

Satz und Gestaltung: Fritschi, CH-4665 Oftringen
Druck: Bruno Altherr, CH-5054 Moosleerau

Printed in Switzerland

Inhalt

Meine Zuversicht

Rufe mich an, dann will ich dir antworten und will dir Großes und Unfaßbares mitteilen, das du nicht kennst.
Jeremia 33,3

Wir haben einen wunderbaren Gott, und wenn wir ihn anrufen, antwortet er, wie er versprochen hat. Das weiß ich aus eigener Erfahrung. Ich mußte ihm oft rufen, weil ich sehr unglücklich und geplagt war. Ich versuchte immer wieder, eine gute Christin zu sein, versagte jedoch immer wieder. Ich konnte in keine Liebesbeziehung zu Gott treten, ich hatte zu viele Ängste. Wegen meines ständigen Versagens hatte ich zudem dauernd Schuldgefühle. Bei jedem Abendmahlsgottesdienst war ich dabei, um Gottes Vergebung zu empfangen und hoffte, auch meine Schuldgefühle loszuwerden. Kurz, ich war jemand, der viel Heilung brauchte.

Obwohl ich damals nichts über die Heilung der Seele wußte, rief ich in meiner Verzweiflung: „Hilf mir, Gott!" Und Gott antwortete mir. Als Antwort auf mein Flehen um Hilfe schickte er mich zu Menschen, die im Bereich der inneren Heilung arbeiteten. Einmal schickte er mir sogar ein Buch und ein paar Kassetten, die ich nicht bestellt hatte.

Ich bezeichne mich nicht als ausgebildete Lehrerin. Ich bin auch nicht in der Lage, dem Leser tiefe theologische Lehre zu vermitteln. Aber ich vertraue darauf, daß alle, die „Heilung der Seele" lesen, etwas vom Heiligen Geist empfangen: seine Liebe, seine Vergebung von Schuld oder die Bereitschaft, anderen Menschen zu vergeben und den Groll gegen sie abzulegen.

Wenn du einmal erfahren hast, wie Gottes Liebe einen schmerzhaften Bereich berührt, wenn du von Schuld oder Versagen befreit bist, ist der Rest ein Kinderspiel. Dann möchtest du immer mehr davon. Du willst nicht mehr aufhören damit. Die wunderbare Wahrheit ist: Der Herr ist nahe und will uns zu seiner Zeit immer mehr Heilung geben.

Ich weiß, daß es Kritik und auch Mißbrauch im Bereich der inneren Heilung gibt. Aber haben wir einmal eine gute Grundlage, wird der Mißbrauch aufhören und die Kritik hoffentlich auch. Ich bete, daß „Heilung der Seele“ nicht nur die Grundlage für dich legt, sondern dir auch Freude gibt und den Wunsch, selbst geheilt zu werden.

Einführung

Als ich 1982 nach Europa kam, kannten nur wenige das Konzept der inneren Heilung oder Heilung der Seele, wie ich es lieber nenne. Obwohl das Konzept in den USA gut bekannt war, erkannten hier nur wenige, daß Gott fähig und willens ist, den Teil von uns zu heilen, der so oft angeschlagen, verletzt oder verwundet ist. Vielen Christen ist körperliche Heilung bekannt. Hat jemand zum Beispiel einen verletzten Arm, bittet man Jesus schnell um Heilung. Viele aber verstanden nicht, daß Jesus durch seinen Tod am Kreuz nicht nur unsere Sünden, Krankheiten und Schwächen trug, sondern auch die Tür zur Heilung unserer Seele öffnete (Jesaja 53,4+5; Psalm 147,3).

Es ist kaum möglich, ohne Verletzungen durchs Leben zu gehen. Bleiben diese unsichtbaren Wunden unbehandelt, infizieren sie sich und fangen an zu eitern. Das resultiert in Schmerzen, Einsamkeit und Durcheinander. Unsere Verletzungen machen es uns schwierig, ja sogar unmöglich, zufriedenstellende Beziehungen zu haben, sowohl persönlich als auch mit Gott. Aber Gott sei Dank! Jesus bezahlte mit seinem Tod am Kreuz den Preis für unsere völlige Heilung.

Als ich dieses Konzept weitergab und den Menschen diente, sah ich Tausende freudig von innerer Verwirrung und vom Durcheinander befreit, mit dem einige die meiste Zeit ihres Lebens verbracht hatten. Ich diente je länger desto mehr verletzten Seelen.

Als ich den Herrn fragte, warum dieser Bereich des Dienstes so wichtig sei, hatte ich das Gefühl, er zeige mir, daß dies ein Teil seines Planes zur Vorbereitung seines Volkes sei, um Erweckung nach Europa zu bringen. Bevor der Herr geistliche Babys zur Welt bringen kann, braucht er geistliche Eltern. Für die kommende Erweckung sollen wir helle Lichter in der

Dunkelheit sein – Salz, das Leben würzt. Er möchte uns befreien von unseren Ängsten und Unsicherheiten und allen Dingen, die uns zurückhalten, damit wir uns ausstrecken und die lieben können, die sich danach sehnen. Er möchte uns helfen, unseren himmlischen Vater mehr zu lieben und ihm völlig zu vertrauen. Und wir sollen geistliche Eltern für die neugeborenen Babys werden. Eltern, die fähig sind, Liebe weiterzugeben, anderen beizustehen und Gottes Weg zu lehren.

Aber ich war nur eine Person und konnte nur wenig tun. Selbst wenn ich meine ganze Zeit im Gebet für andere verbringen würde, könnte ich nur einer begrenzten Anzahl Menschen dienen. Was war die Antwort?

Viele, die mich hörten, wünschten, etwas von den Seminaren mit nach Hause zu nehmen. Sie wollten den Bereich der seelischen Heilung besser verstehen und Gott zu Hause weiter am Heilungsprozeß arbeiten lassen. Sie wollten auch Unterlagen, die sie anderen Hilfsbedürftigen weitergeben konnten. Als Freunde mich drängten, meine Erfahrungen niederzuschreiben, wurde ich voll Erwartung, was Gott durch das geschriebene Wort tun könnte. So entstand dieses Buch.

Sein Zweck ist, Gott zu verherrlichen durch die Befreiung seines Volkes an Körper, Seele und Geist.

Mein Zeugnis

Am besten beginnt man einen Lebensbericht dort, wo Jesus ins Leben hineinkam. Ich wartete damit bis ich 31 war. Und so geschah es:

Meine beste Freundin und ich waren uns sehr ähnlich. Wir klatschten beide gerne, tranken zu viel und hatten beide häufig Depressionen. Eines Tages platzte sie in meine Küche, und ich konnte sehen, daß etwas mit ihr geschehen war. Sie rief: „Paula, ich bin wiedergeboren worden."

Ich hatte den Ausdruck „wiedergeboren" noch nie gehört. „Was bist du?" fragte ich. Sie versuchte mir immer wieder von Jesus zu erzählen, … daß ich ihn persönlich kennenlernen sollte, … daß ich Vergebung und Befreiung empfangen sollte. Ich verstand überhaupt nichts.

Nicht, daß ich nie zur Kirche gegangen wäre. Auf dem College wurde ich Mitglied der anglikanischen Kirche. Obwohl ich seit meiner Heirat nicht mehr dort war, entschied ich mich, nach der Geburt meiner drei Kinder zurückzugehen. Das gehörte sich für eine Familie. Natürlich wurde ich als aktive Person engagiert. Ich unterrichtete in der Sonntagsschule und Ferienbibelschule. Ich diente sogar in der Altargruppe, half beim Aufräumen und Säubern des Altars, der Kleider und der Altartücher.

Meine Vorstellung vom Gebet bestand damals aus dem Vaterunser und der Bitte um Vergebung etwaiger Sünden. Da ich annahm, keine der „schweren Sünden" begangen zu haben, dauerte das Ganze etwa drei Minuten. Während ich eines Tages gerade so betete, geschah etwas. Folgender Gedanke kam mir: „Paula, es ist gefährlich, mit den Dingen Gottes zu spielen".

Ich erschrak, besonders, als der Gedanke nicht mehr verschwinden wollte. Natürlich hätte ich auf viele Arten reagieren können, aber meine Reaktion war: Wenn es schon gefährlich ist, höre ich besser mit diesen kirchlichen Aktivitäten auf.

Zwei Wochen später hatte ich die Kirche verlassen.

Ich weiß jetzt, daß meine Entscheidung nicht gut war, aber vielleicht war sie notwendig, sonst hätte ich weiter bis zur Wiederkunft von Jesus „Kirche spielen" können.

Weil ich nicht mehr zur Kirche ging, wußte ich, daß ich wahrscheinlich zur Hölle gehen würde. Dieser Gedanke machte mir keine Angst. Die meisten meiner Freunde würden ja dort sein. Außerdem hatte ich die Kirche ausprobiert. Und falls es im Himmel einen einzigen langen Gottesdienst gäbe, war ich nicht sicher, ob ich das wirklich wollte.

Genau an diesem Punkt befand ich mich, als meine Freundin ankündigte: „Du mußt wiedergeboren werden!"

In den folgenden Wochen kam sie regelmäßig zu mir. Sie sprach ständig über Jesus. Ich reagierte heftig. Ich konnte ihr leuchtendes Gesicht und die Fröhlichkeit, die ihre Depressionen ersetzt hatte, nicht ausstehen und fand sie langweilig.

Ich war nicht nett zu ihr. Eines Tages sagte ich ihr: „Wenn du über nichts anderes als über Jesus und Wiedergeburt redest, möchte ich nicht mehr deine Freundin sein. Laß mich in Ruhe, ich will deinen Jesus nicht."

Als ich das gesagt hatte, liefen Tränen über ihre Wangen, und sie sagte: „Aber ich sorge mich doch darum, wo du die Ewigkeit verbringen wirst."

Obwohl ich mir nichts anmerken ließ, berührte ihre Aussage mein Herz. Sie war die erste Person, von der ich merkte, daß sie sich sorgte, wo ich die Ewigkeit verbringen würde. Aber da ich sehr stur war, sagte ich ihr, sie solle nicht mehr in mein Haus kommen, ich wolle sie nicht mehr sehen.

Sie hörte aber nicht auf mich. Sie kam ungefähr drei Mal in der Woche zu mir. Ich tat alles, was mir einfiel, um sie zu entmutigen. Ich sagte, ich sei nicht zu Hause, zog die Gardinen zu, beantwortete das Klingeln nicht. Aber sie kam dennoch und redete über Jesus. Manchmal erinnerte ich mich am Abend im Bett, was sie über ihn gesagt hatte: „Er starb für dich. Auch wenn du die einzige wärest, wäre Jesus für dich gestorben, um dich von deiner Sünde und Scham loszukaufen."

Um sie schließlich zum Schweigen zu bringen, sagte ich ihr: „Na gut, ich komme mit dir in die Gemeinde."

Also ging ich die nächste Woche mit ihr in die Gemeinde. Ich kann mich nicht mehr an die Predigt erinnern, aber an der Wand hinter dem Prediger standen die Worte: „Kommt her zu mir alle, die ihr mühselig und beladen seid, so will ich euch erquicken" (Matthäus 11,28).

Es war mir zuvor nie bewußt, eine Sünderin zu sein. Mit anderen verglichen, fühlte ich mich besser als die meisten von ihnen. Der Pastor bat jeden, der Jesus als seinen Erretter annehmen wolle, nach vorne zu kommen. Da spürte ich die schwere Last meiner Sünden auf meinen Schultern. Sie schienen bis zum Himmel zu reichen. Ich erkannte zwei Dinge: Ich brauchte Jesus als meinen Retter, und Jesus war der einzige, der mich von meinen Sünden befreien konnte.

Die Gemeinde sang fünf Strophen des Liedes „So wie ich bin". Obwohl ich die einzige war, hätte mich nichts davon abhalten können, nach vorne zu gehen. Während der Pastor für mich betete, bat ich Jesus, in mein Herz zu kommen, mir zu vergeben und mich zu reinigen. Und ich empfing seine Liebe. Sofort fühlte ich, wie sich die Last weghob, und ich verstand, was es heißt, wiedergeboren zu sein.

Als ich die Gemeinde verließ, schaute ich mich draußen um. Alles schien heller. Auf dem Heimweg zündete ich mir immer wieder neue Zigaretten an und trat sie wieder aus, weil sie schrecklich schmeckten. Schließlich fragte ich: „Jesus, willst du, daß ich nicht mehr rauche?" In mir hörte ich die Worte: „Du brauchst es nicht mehr." Ich hörte mit dem Rauchen einfach auf, ohne Kampf. Es war ein Wunder. Ich glaube, Jesus schenkte es mir, damit ich erkannte, wie wahr er ist.

Mein nächstes Abenteuer war die Bibel. Schon vorher versuchte ich, darin zu lesen, fand sie aber nicht interessant. Jetzt konnte ich sie nicht mehr weglegen. Es war wunderbar. Sie sprach direkt in meine Umstände hinein. Ich wurde wie meine Freundin, die Jesus vor mir gefunden hatte. Jetzt waren meine anderen Freunde das Problem. Sie akzeptierten mich genau so wenig wie ich zuvor meine Freundin. Sie mochten weder mein lächelndes Gesicht, noch mein Reden über Jesus oder die Notwendigkeit der Wiedergeburt. Mein Mann mochte auch keine christliche Frau. Die Situation wurde sehr schwierig zwischen uns. Ich hatte seine Welt verlassen. Obwohl ich mir liebenswerter vorkam, wollte er die Frau, die er geheiratet hatte.

Während die Situation schwieriger wurde, sagte er: „Wenn du so weitermachst, lasse ich mich von dir scheiden."

Das Wort Scheidung brachte große Furcht in mein Herz. Meine Eltern hatten sich in meiner Kindheit zwei Mal scheiden lassen, und ich wollte nicht geschieden sein. Als ich meinen Mann geheiratet hatte, sagte ich: „Das ist fürs ganze Leben."

Sechs Monate, nachdem ich mein Leben Jesus übergeben hatte, entschied ich: Mit Christsein aufhören ist der einzige Weg, meine Ehe zu retten. Ich mißachtete die Ratschläge meiner christlichen Freunde und meines Pastors, mein Vertrauen auf den Herrn zu legen und verließ die Gemeinde.

Ich versuchte, so zu sein wie vorher, aber es war nicht so einfach. Ich fühlte mich miserabel. Schließlich rief ich eines Abends aus: „Jesus, ich habe dich gebeten, in mein Leben zu kommen, nun bitte ich dich, wieder zu gehen." Ich bin nicht stolz darauf und rede nur darüber, um die bedingungslose Liebe und Barmherzigkeit unseres Herrn zu zeigen. Jesus antwortete mir: „Paula, ich werde dich niemals verlassen noch von dir weichen. Siehe, ich werde immer mit dir sein" (Josua 1,5). Zu dem Zeitpunkt wußte ich noch nicht, daß diese Worte in der Bibel standen.

Ich ging weiterhin meinen eigenen Weg. Wenige Monate

später sagte mein Mann eines Morgens zu mir: „Paula, ich liebe dich nicht mehr. Ich möchte mich scheiden lassen. Ich will jemand anders heiraten."

Ich konnte ihm kaum zuhören. Ich liebte ihn und hatte mich davor gefürchtet. Ich wußte nicht, was ich tun sollte. So entschied ich in meinem Schmerz der Ablehnung, in eine Bar zu gehen, mich zu betrinken und einen Mann zu finden.

Ich fuhr von einer Bar zur andern, doch aus irgendeinem Grund ging ich in keine hinein. Etwas später parkierte ich bei meiner Freundin Nancy. Als ich ihr erzählte, was geschehen war, sagte sie mir, ich solle zu Jesus zurückkehren.

„Ich habe das alles schon versucht", sagte ich ihr.

Sie sagte: „Ich bete für dich."

„Nein, das will ich nicht."

Aber als ich am Abend im Bett lag, kam ein wunderbarer Friede über mich, und ich wußte, daß Nancy für mich betete.

In den folgenden Tagen erzählte mir Nancy über die Taufe im Heiligen Geist und das Reden in Zungen. Sie zeigte mir Schriftstellen, die sagten, daß ich Kraft empfangen würde, um ein Zeuge zu sein. Sie erklärte mir, wie der Heilige Geist durch mich beten würde, wenn ich ihm erlaubte, mir eine neue Sprache zu geben. Sie sagte, daß mich das Beten in anderen Sprachen auferbauen würde.

Ich hörte zu, und das Wort Kraft kam immer wieder vor. Ich brauchte Kraft. Ich hatte Jesus im Stich gelassen. Ich hatte als Christ versagt. Ich war weggelaufen und meinen eigenen Weg gegangen.

An dem Abend entschied ich: „Ich möchte im Heiligen Geist getauft werden." Nachdem die Kinder eingeschlafen waren, kniete ich nieder und bat Jesus, mein Herr und König zu sein. Ich hatte ihn zuvor als meinen Heiland kennengelernt. Obwohl ich ihn Herr nannte, war er niemals Herr über mein Leben. Ich war in Rebellion. Jetzt hatte mich mein Mann verlassen, und mein Leben war ein einziges Durcheinander.

Als ich niederkniete, sagte ich: „Jesus, hier ist mein Leben. Ich nehme meine Hände davon weg. Mache mich so, wie du es willst. Bitte taufe mich in deinem Heiligen Geist. Ich möchte eine neue Gebetssprache, und ich brauche Kraft zum Christsein."

Ich fing an zu reden, und komische Silben kamen zuerst zögernd hervor. Als ich jedoch weiterredete, strömten sie in einer neuen Sprache heraus. Ich weinte und ließ den Heiligen Geist beten, während ich meinem Herrn mein Herz ausschüttete.

Die Taufe im Heiligen Geist oder die Freisetzung des Geistes, wie es manche nennen, war ein außerordentlicher Segen. Weil ich nicht wußte, wie ich beten sollte, betete ich einfach in Zungen und ließ den Heiligen Geist meine Gebete führen. Schon bald darauf begegneten meine drei Kinder Jesus und wurden im Heiligen Geist getauft.

Nachdem mein Mann und ich ein Jahr getrennt waren, kehrte er wegen der Kinder nach Hause zurück. Während der folgenden zwölf Jahre kam und ging er mehrere Male. Das war eine sehr schwere Zeit, denn seine Liebe kam niemals zurück.

Während dieser zwölf Jahre lehrte mich der Herr viele wichtige Prinzipien; nicht nur theoretisches Wissen, sondern Weisheiten für mein alltägliches Leben. Als die Wahrheit aus Römer 8, 28+29 – daß Gott alle Dinge zum Guten wirken läßt, weil wir wie Jesus werden sollen – in mein Leben „eingepflanzt" wurde, änderte sich meine ganze Perspektive. Ich liebte den Herrn, denn ich war nach seinem Plan berufen. Und das Gute daran war: meine schwierigen Umstände bewirkten eine Veränderung in mir.

Ich lernte, den Herrn allezeit zu preisen, mit der Liebe Jesu zu lieben, selbst Vergebung anzunehmen und anderen zu vergeben. Ich arbeitete so gut wie möglich daran, Gottes Prinzipien in meinem Leben anzuwenden. Mein Leben sollte dem Standard des Wortes Gottes gerecht werden.

Ich sah viele Veränderungen in mir, aber versagte auch oft. Ich fing an, ein Gebet zu beten, das ich auch heute noch bete: „Herr, mach mich zu der Frau, die du geplant hast und die du dir vorgestellt hast." Irgendwie wußte ich, daß die Frau, die Jesus aus mir machen wollte, eine liebenswerte Person war. So bat ich Jesus immer wieder, mich in sein Ebenbild zu verändern.

Als ich eines Tages über bestimmte Bereiche in meinem Leben entmutigt war, betrachtete ich draußen meinen Rasen. Vor drei Tagen war er gemäht worden, aber überall schossen wieder Löwenzahnblüten hervor. Ich dachte, „wie schade, es sah so schön aus." Der Heilige Geist schenkte mir einen Gedanken: „Das kommt davon, das du niemals die Wurzeln herausziehst."

Das war ein interessanter Gedanke. Später ging ich in den Garten und zog an einem Unkraut, dessen Wurzeln an einem ganz anderen Ort anfingen. Wieder kam der Gedanke: „Du schaust auf das Problem und nimmst an, daß du dich dort verändern mußt, aber die Wurzeln sind anderswo."

Kurz darauf erhielt ich zwei Kassetten über seelische Heilung von zwei Männern, die im Dienst sehr angesehen sind. Das war der Anfang meines nächsten Abenteuers: von den seelischen Wunden der Vergangenheit geheilt zu werden, so daß Jesus als Herr und König regieren konnte. Und davon handelt dieses Buch.

Paula Shields, 1991

Was bedeutet Heilung der Seele?

Der Geist des Herrn ist auf mir, weil er mich gesalbt hat; er hat mich gesandt, den Armen frohe Botschaft zu verkünden, zu heilen, die zerbrochenen Herzens sind, Gefangenen Befreiung zu predigen und den Blinden, daß sie wieder sehend werden, Zerschlagene in Freiheit zu setzen. *Lukas 4,18*

Vielleicht wunderst du dich: Was bedeutet eigentlich Heilung der Seele?

Ist es das gleiche wie innere Heilung oder Heilung der Erinnerungen? Ist es eine Art geistlicher Psychiatrie? Muß ich in meiner Vergangenheit herumwühlen? Wie funktioniert es? Wenn du dir solche Fragen stellst, dann bist du nicht allein.

Es gibt viel Verwirrung über Heilung der Seele. Heilung der Seele, innere Heilung, Heilung des gebrochenen Herzens, seelische Heilung. Alles sind Versuche, den Bereich der Heilung zu beschreiben, der für uns durch Jesus Christus zugängig geworden ist.

Eine übernatürliche Begegnung mit Jesus

Meine bevorzugte Definition ist: „Eine übernatürliche Begegnung mit Jesus". Während wir immer mehr lernen, in der Gegenwart Christi zu leben, werden wir von unseren Ängsten und von Herzenskummer befreit, um in vollem Potential zu leben. In diesem Prozeß der inneren Heilung decken wir falschen Glauben und Lügen über Gott, über andere und über uns selbst auf. Zum Beispiel: Wir glaubten vielleicht, Gott sei kein liebender Gott, er könne oder wolle uns nicht vergeben. Wir glaubten, wir seien nicht liebenswert oder gut genug, seien häßlich oder dick oder von Menschen abgelehnt.

Ich will ein persönliches Beispiel geben. Ich fühlte mich immer von meinem Vater abgelehnt. Ich betone, daß ich mich abgelehnt fühlte, denn er hat mich nicht wirklich abgelehnt. In einer Sitzung über innere Heilung gab mir der Herr eine Erinnerung an die Zeit als ich zehn Jahre alt war und meine Eltern geschieden waren. Ich wollte lieber bei meinem Vater leben, aber meine Mutter hatte das Fürsorgerecht für mich erhalten. Sie schickte mich in ein Internat, das ich haßte. Ich war voller Groll, weil ich davon überzeugt war, daß mich mein Vater nicht ins Internat schicken würde.

An jenem besonderen Tag, als er mich in der Schule besuchte, sagte ich ihm: „Papi, hol' mich hier raus. Ich hasse diese Schule. Ich möchte mit dir nach Hause gehen." „Das kann ich nicht tun", sagte er mir sehr ernst.

Ein Erwachsener kann verstehen, warum er das nicht konnte, aber für mich als Zehnjährige war das totale Ablehnung. Mein Vater wollte mich nicht. Es war eine Lüge, die verborgen blieb bis in meine vierziger Jahre. Ich bat damals meinen Vater auch, an einem Elternabend teilzunehmen, aber auch das tat er nicht. Ich bin sicher, daß er einen guten Grund hatte, aber ich war doppelt verletzt. Ich hatte niemanden, der mit mir zu diesem Elternabend ging, und mein Vater wollte nicht mit mir leben.

Als ich Jesus bat, in diese Erinnerung hineinzukommen, fühlte ich, daß er auf dem Rücksitz im Auto saß, während ich mit meinem Vater sprach. Mit seiner Gegenwart spürte ich auch seine Liebe. Mir war, als ob er sagte: „Paula, dein Vater hat dich lieb. Er hatte dich auch damals lieb." In dem Augenblick konnte ich meinem Vater vergeben. Ich weinte, weil mein Vater tot war, und ich nie in der Lage sein würde, ihm persönlich zu vergeben. Aber Jesus sagte: „Das ist schon in Ordnung. Tu' es jetzt trotzdem." Als ich es tat, heilte er das Herz des kleinen Mädchens, das sich so abgelehnt gefühlt hatte. In der Szene, die ich dann sah, gab ich meinem Vater einen Kuß, und Jesus ging mit mir zum Treffen in der Schule.

Als wir miteinander dorthin gingen, sagte er mir: „Paula, es gab viele Zeiten, wo du dachtest, keiner sei bei dir. Aber ich war immer bei dir. Und ich war dort, um dir zu helfen." Er zeigte mir verschiedene Situationen, wo ich mich verlassen und einsam gefühlt hatte und sagte mir, daß er bei mir war. Was für ein Unterschied! Ich behaupte nicht, daß ich diese Szenen wie auf einem Bildschirm sah, aber ich fühlte seinen liebevollen Frieden und seine Heilung. Er nahm den Schmerz weg. Jetzt ist diese Erinnerung angenehm, weil ich Jesus darin sehe.

Wenn die Lügen, denen wir glauben, ans Licht kommen, fangen wir an, die Wahrheit zu erkennen. Es ist immer die Wahrheit, die uns freisetzt (Johannes 8,32).

Unterschiede zu anderen Arten von Seelsorge

Heilung der Seele ist anders als andere Arten von Therapie und Beratung.

• Erstens ist es kein Herumwühlen in unserem Unterbewußtsein. Beten wir für jemanden, spielen wir nicht Heiligen Geist. Vielmehr überlassen wir es dem Heiligen Geist, Schlüsselerlebnisse ans Licht zu bringen. Introspektion, d.h. auf unsere Probleme oder Sünden schauen, führt in die Depression. Das Offenbaren von Schlüsselerlebnissen durch den Heiligen Geist führt zur Freiheit.

• Es ist auch kein Wiederbekennen von vergangenen Sünden. Erkennen wir irgendwann eine Sünde in unserem Leben, eine alte oder neue, bringen wir sie Jesus und bitten ihn um Vergebung.

• Es ist keine Psychiatrie. Die Psychiatrie hilft, unsere Probleme zu entdecken und lehrt uns dann, wie wir damit leben können. Bei der Heilung der Seele lernen wir, unsere Probleme zu erkennen. Jesus heilt sie dann, indem er die Verletzung, den Schmerz und die Bindung wegnimmt. Er setzt uns frei.

• Schließlich geht es auch nicht darum, gute Ratschläge zu geben. Viele Therapien bestehen nur aus guten Ratschlägen. In der seelischen Heilung hilft uns die Person, die mit uns betet, Jesus zu erlauben, durch die Kraft des Heiligen Geistes in die Situationen hineinzukommen und zu wirken.

Immer wieder habe ich gesehen, wie Jesus verletzte und gebundene Menschen, die zu ihm kamen, geheilt hat. Es ist unwichtig, wann die Verletzung erfolgte, ob vor Jahren oder gerade gestern. Jesus durchschreitet mit uns die Zeit und heilt die Verletzungen dort, wo sie aufgetreten sind. Weil „Jesus derselbe ist gestern, heute und in aller Ewigkeit" (Hebräer 13,8), kann er in unsere Vergangenheit, Gegenwart und Zukunft hineintreten. Er ist derjenige, der die Schmerzen aus unseren Erinnerungen herausnehmen und unsere Verletzungen heilen kann. Er kann dem verängstigten Kind in uns Trost und Liebe bringen. Mit seiner Liebe kann er unsere Schmerzen der Ablehnung oder des Nichtangenommenseins heilen, weil er der Gott allen Trostes ist, der uns in all unseren Schwierigkeiten trösten kann (2. Korinther 1,3–5).

Jesus tut das alles, ohne daß wir Mengen von vergangenen Sünden bekennen oder in unserem Unterbewußtsein herumgraben müßten. Das ist nicht seine Art.

Wie funktioniert Heilung der Seele?

Wie geht denn das alles? Gott hat uns geschaffen, damit wir mit ihm Gemeinschaft haben. Werden wir errettet, bitten wir Jesus und Seinen Heiligen Geist, in unser Leben zu kommen und werden neue Geschöpfe – neue Geschöpfe in Christus. „Das Alte ist vergangen" (2. Korinther 5,17). Gott vergibt uns alle unsere Sünden und gibt uns Jesu Gerechtigkeit. Jetzt können wir Gemeinschaft mit dem Vater haben. Wir können jederzeit zu ihm kommen, weil er uns durch Jesu Blut gerecht gemacht hat. Wir dürfen als seine Kinder kommen, wir dürfen ihn „Abba, Vater" nennen. Und das nicht aufgrund dessen, wer wir sind, sondern aufgrund dessen, was Jesus Christus für uns getan hat. Das ist immer unsere Stellung in Christus. In unserem praktischen Leben als Christen nehmen wir jedoch nicht immer diesen Stand ein. Wir haben Probleme, weil wir nicht „heil" sind.

Ich betete für eine junge Frau, eine hingegebene Christin, die sich entmutigt fühlte. Als ich den Heiligen Geist um Hilfe bat, zeigte er uns, daß es damit zusammenhing, daß sie keine Vaterliebe erfahren hatte. Sie war als Kind von ihrem Vater schlecht behandelt worden. Daher übertrug sie diese Härte auf ihren himmlischen Vater und hatte Angst vor ihm. Als wir beteten, sah sie, wie Jesus ihre Hand nahm und sie dem Vater gab. Er ermutigte sie, näher zum himmlischen Vater zu kommen, und als sie das tat, schwanden ihre Entmutigung und Angst.

Ich weiß nicht, wie es dir geht, aber ich reagiere nicht immer so wie Jesus möchte. Manchmal werde ich wütend. Es gibt Zeiten, wo ich dem Herrn nicht vertraue. Obwohl ich ihm vertrauen und im Glauben mit Jesus wandeln möchte, habe ich manchmal Angst. Ich weiß, daß diese Angst nicht von Gott kommt, aber es gibt Ereignisse, wo mich meine Angst sogar lähmt.

Ich möchte alle Menschen lieben, finde aber, daß es bei vielen zu schwierig ist. Wie Paulus rufe ich zum Herrn: „Was stimmt nicht mit mir? Warum kann ich nicht so sein, wie ich gerne möchte?" (Römer 7,19 – frei übersetzt).

Ich erkenne, daß ich nicht anders als die meisten von uns bin. Oh ja, wir setzen unser frommes Lächeln auf, wenn wir mit christlichen Freunden zusammen sind. Oft sind diese lächelnden Gesichter nur Masken, die viel inneres Durcheinander und Schmerz überdecken. Und genau dieses innere Durcheinander und die Verletzungen sind es nämlich, die uns daran hindern, Liebe und Gemeinschaft zu empfangen und daran zu glauben, daß der Vater uns diese geben möchte.

Warum sind wir denn so? Warum machen wir immer wieder die gleichen Fehler? Warum können wir nicht so sein, wie Jesus möchte?

Unser Unterbewußtsein

Oftmals befinden sich unsere Probleme in unserem Unterbewußtsein – dem Teil von uns, der uns gar nicht bewußt ist. Unser Hirn ist wie ein Kassettenrekorder. Unser gesamtes Leben, alles, was mit uns geschehen ist – Gutes und Schlechtes – hat das Hirn gespeichert. Wir wurden von Menschen, Umständen des Lebens und von Geschehnissen in der Vergangenheit verletzt. Unser Verstand, unser Wille und unsere Gefühle können verletzt worden sein.

Ich will ein anderes Beispiel geben. Früher hatte ich eine große Furcht vor Reden in der Öffentlichkeit. Nach meiner Taufe im Heiligen Geist bat mich der Herr als erstes, ihm meinen Mund zu geben und ihn durch mich reden zu lassen. Danach sprach ich hin und wieder, aber es war nur durch Gottes Gnade möglich, weil ich immer noch Angst hatte. Als ich nach Europa kam, wurden Vorträge in der Öffentlichkeit ein wichtiger Bestandteil meines Dienstes. Ich war sehr schnell ausgelaugt, weil ich jedes Mal diese Furcht überwinden mußte. Ich erkannte schließlich, daß in meiner Seele ein Hindernis war, das beseitigt werden mußte. Ich fragte den Herrn nach dem Grund dieser Furcht, und er führte mich zurück in ein Zeltlager, an dem ich mit acht oder neun Jahren teilnahm. Ich hatte eine Rolle in einem Theater. Als ich an der Reihe war, konnte ich mich an kein einziges Wort erinnern, das ich sagen sollte. Die anderen Kinder lachten, und ich war so beschämt, daß ich von der Bühne rannte und mich im Wald versteckte. Diese Erfahrung verdarb meine ganze Zeit im Zeltlager.

Als mich Jesus an diese Erfahrung erinnerte, erlebte ich,

wie er mit seiner Liebe und seinem Frieden zu mir in den Wald kam. Er legte seinen Arm um mich und führte mich auf die Bühne zurück. Er wollte, daß ich auf die Bühne zurückging. Trotz meiner Furcht gehorchte ich ihm. Von der Bühne aus konnte ich ihn in der ersten Reihe sitzen sehen. Er lächelte mir zu und hielt mir Stichwortkarten hoch. Er versprach mir dann, daß ich keine Angst mehr haben müßte. Wo ich auch öffentlich reden müsse, würde er immer in der ersten Reihe sitzen und mir die Stichwortkarten halten. Das tönt vielleicht lustig, aber von da an war meine Angst vor öffentlichem Reden verschwunden.

Meistens sind uns Erinnerungen wie diese nicht bewußt. So wie ein Eisberg größtenteils unsichtbar ist, verhält es sich auch mit unseren Erinnerungen. Aber sie sind trotzdem vorhanden. Werden die schmerzlichen Erfahrungen nicht behandelt, können sie viel Ärger und Probleme bereiten. Wären wir die einzigen Opfer unserer Schmerzen, wäre es vielleicht nicht so schlimm. Aber diese negativen unbewußten Erinnerungen verletzen auch Menschen um uns herum. Sie können außerdem in unseren Beziehungen Schaden anrichten, in unseren Familien, mit unseren Ehemännern, Ehefrauen, unseren Kindern oder Eltern, an der Arbeit, in Beziehungen mit unseren Arbeitskollegen, Chefs, Kunden, Nachbarn und Freunden.

Jesu Wunsch für uns

Jesus möchte uns nicht nur körperlich heilen, sondern auch von unseren seelischen Verletzungen befreien.

Nachdem Jesus voller Kraft des Heiligen Geistes aus der Wüste kam, sagte er den Menschen in der Synagoge, er sei der in Jesaja Beschriebene. Er war geschickt, den Armen frohe Botschaft zu verkünden, zu heilen, die zerbrochenen Herzens sind, Gefangenen Befreiung zu predigen und den Blinden, daß sie wieder sehend werden, Zerschlagene in Freiheit zu setzen (Lukas 4,18). Jesus erklärte, dies sei sein Dienst.

Ich glaube, dies ist auch unser Dienst, der Dienst der Gemeinde. Bevor wir jedoch hinausgehen können, um anderen diese Art der Heilung zu vermitteln, müssen wir selbst geheilt werden.

Hier setzt die Heilung der Seele an. Heilung der Seele entfernt Hindernisse und Blockaden, die uns abhalten, Gottes bedingungslose Liebe für jeden von uns anzunehmen. Heilung der Seele entfernt alles, was uns daran hindert, Gott zu kennen und befähigt uns gleichzeitig, in seine Gegenwart zu treten, um alles zu vollbringen, was er für uns vorbereitet hat.

Unseren Willen stärken

Er selbst aber, der Gott des Friedens, heilige euch durch und durch, und euer ganzes Wesen, der Geist, die Seele und der Leib, werde unsträflich bewahrt bei der Wiederkunft des Herrn Jesus Christus. *1. Thessalonicher 5,23*

Gott hat uns als dreiteilige Wesen geschaffen: Geist, Seele und Körper.

Unser Geist ist unser innerster Teil, wo das Bewußtsein der Gottesexistenz ist. Dieses Bewußtsein unterscheidet uns von den Tieren. Unser menschlicher Geist möchte Gott anbeten. Geschieht das nicht, beten wir etwas anderes an. Es ist noch keine Kultur entdeckt worden, wo Menschen nicht irgendwas anbeten.

Gott hat unseren Geist geschaffen, um ihn zu erkennen. Bei der Errettung vereint sich sein Geist mit unserem menschlichen Geist. Der Heilige Geist gibt unserem Geist Zeugnis, daß wir jetzt Kinder Gottes sind.

Unser Körper ist der physische Teil.

Unsere Seele ist der Teil, der unseren Körper mit unserem Geist vereint. Sie ist zusammengesetzt aus unserem Willen, wo wir Entscheidungen treffen; unserem Verstand, wo wir mitdenken; und unseren Gefühlen. Im seelischen Bereich haben wir viele Probleme. Obwohl wir in Christus völlig erlöst sind, müssen wir diese Errettung in der Praxis fortlaufend erfahren. Wir können sagen, Errettung fängt an, indem ich erkenne: „Ich bin errettet worden", geht weiter mit: „Ich werde dauernd errettet" und hört auf mit: „Im Himmel werde ich endgültig errettet sein."

Die Wurzel, von der unser Wort Errettung kommt, bedeutet Befreiung oder Bewahrung von Gefahr oder Krankheit und enthält Sicherheit, Gesundheit, Reichtum und Ganzheit.

Der größte Teil dieses Erlösungswerkes findet in unserer Seele statt.

Freier Wille

Gott hat uns einen freien Willen gegeben. Oft habe ich gedacht, es wäre doch viel einfacher ohne freien Willen. Manchmal wünschte ich, wir hätten statt dessen Knöpfe zum Drücken, die sagen: „Völlige Hingabe", „Teilweise Hingabe", „Keine Hingabe", „Später" und so weiter. Dann müßten wir nicht so viele Entscheidungen treffen. Aber Gott möchte ein Volk, das willig zu ihm kommt, das gerne mit ihm zusammen ist und immer wieder wählt, mit ihm zusammen zu sein. Diese Entscheidung wird immer von unserem Willen getroffen. Viele geben Gott die Schuld für ihr Unglück, obwohl sie selbst eine schlechte Wahl getroffen haben oder von der schlechten Wahl anderer betroffen sind.

Ich bin geschieden. Einige haben mir gesagt: „Ich glaube, Gott hat diese Scheidung zugelassen, sieh doch nur, wie er dich seither benutzt. Es muß etwas Gottgewolltes sein."

Damit bin ich nicht einverstanden. Ich glaube nicht, daß Gott je eine Scheidung wollte. Aber Römer 8,28 sagt uns: „Wir wissen aber, daß denen, die Gott lieben, alles zum Besten mitwirkt, denen, die nach seinem Vorsatz berufen sind." Wir haben einen Gott, der alles, was in unserem Leben passiert – sei es durch eigene Fehler oder durch falsche Entscheidungen anderer – zu unserem Besten brauchen kann. Er kann es sogar dann tun, wenn wir zweifeln, daß je etwas Gutes aus dieser Situation entstehen könne.

Ich konnte nichts Gutes sehen in meinen letzten Ehejahren und den ersten Jahren nach meiner Scheidung. Aber während diesen sehr schwierigen Jahren veränderte mich Gott von einer selbstsüchtigen Frau in eine Frau, die den Herrn liebt und ihm nachfolgen möchte. Er lehrte mich

Wahrheiten, die ich während jenen schwierigen Zeit anwenden konnte.

In Römer 8,29 lernen wir: „Denn welche er zuvor ersehen hat, die hat er auch vorherbestimmt, dem Ebenbilde seines Sohnes gleichgestaltet zu werden."

Braucht Gott eine schwierige, ja sogar unmögliche Situation, um sie in etwas Gutes zu verwandeln, geschieht es, weil er uns als Ebenbild seines Sohnes formt.

Ich beneide den Heiligen Geist nicht um seine Arbeit. Sie ist mit Sicherheit nicht einfach. Selbst wenn wir wissen, daß wir eine falsche Wahl getroffen haben, die nicht von Gott stammt, können wir vertrauen, daß Gott etwas Gutes daraus machen wird, wenn wir es ihm überlassen. Er wird genau diese Situation benutzen, um uns christusähnlicher zu machen – dem Jesus ähnlich, den andere in uns sehen können.

Ist das nicht aufregend? So aufregend, weil wir als Christen immer gewinnen. Selbst wenn es aussieht, als ob wir verlieren würden, erreicht Gott sein Ziel mit uns.

Schlechtes in Gutes verwandeln

Bevor ich diese Wahrheit erkannte, dachte ich, mein Mann sei das Problem. Er liebte mich nicht, er liebte andere Frauen. Unsere Beziehung war sehr schlecht und verletzend. Weil ich mich schrecklich abgelehnt fühlte, erlebte ich den größten Schmerz, den ich jemals erfahren hatte. Da öffnete mir Gott den Sinn für diese Schriftstellen, und ich erkannte, daß Gott meine Situation in etwas Gutes verwandeln konnte. Er konnte diese schrecklich schmerzliche Zeit benutzen, um mich in Jesu Bild zu verwandeln. Als ich schließlich meine Augen von meinem Mann wegwenden und Jesus zuwenden konnte, indem ich ihn bat, das Nötige in meinem Leben zu tun, tat er es auch. Er fing damit an als ich 32 war, unterdessen bin ich über 60, und es gibt immer noch zu tun.

Wir müssen wissen, daß unsere Entscheidungen wichtig sind und unter die Herrschaft Jesu Christi gehören. Seit kurzem benutze ich beim Treffen von Entscheidungen folgende Schriftstelle: „Wenn jemand mir nachkommen will, der verleugne sich selbst und nehme sein Kreuz auf und folge mir nach!“ (Matthäus 16,24). Zuerst dachte ich, sich selbst zu verleugnen, betreffe nur die großen Dinge im Leben. Eines Morgens überraschte mich der Herr jedoch, als er sagte: „Warum leistest du dir den Luxus, im Bett zu bleiben und folgst mir nicht an den Eßzimmertisch, wo du am frühen Morgen beten und die Bibel lesen sollst?“

Ich antwortete; „Was? Du meinst, diese Schriftstelle beziehe sich auch darauf? Du bist aber sehr praktisch, Herr. Du weißt doch, daß ich am Morgen gerne ein wenig länger im Bett bleibe.“

Dann sagte er: „Und ich wäre gern bei dir. Du sagst so oft, daß du nie genug Zeit mit mir hast, weil deine Tage so hektisch werden, also: Verleugne dich selbst, folge mir und ich werde zu dir sprechen.“ Und wirklich: bin ich gehorsam und steige früh morgens aus dem Bett, ist er seinem Wort treu. Er öffnet mir die Schrift, und ich verbringe eine wunderbare Zeit mit ihm zusammen.

Wir müssen ständig die eine oder andere Wahl treffen. Wir müssen uns entscheiden, gehorsam zu sein. Wir müssen eine Willensentscheidung treffen und uns von allem abwenden, was Gott nicht gefällt. Wir müssen uns willentlich von der Sünde abkehren. Die Entscheidungen einer Person sind nicht unbedingt die einer anderen. Deshalb ist es so wichtig, daß wir lernen, auf den Herrn zu hören und das tun, was er uns sagt und nicht, was er anderen gesagt hat.

Gott ist nie gegen unseren freien Willen. Er läßt mir die Wahl, ob ich die Bibel lese oder nicht, ob ich bete oder nicht, ob ich gehorsam bin oder nicht. Täglich entscheide ich mich neu.

Wollen wir Jesus ähnlicher werden, müssen wir Gott die

Erlaubnis geben, uns zu heilen und uns in den Bereichen unseres Lebens zu berühren, wo wir Probleme haben. Wir müssen ihm erlauben, die verborgenen Dinge aufzudecken, so daß wir sie sehen können. Wenn wir nicht wollen, tut er es auch nicht.

Das Vertrauen wählen

Wir treffen Hunderte von Entscheidungen, die unser tägliches Leben betreffen. Wir entscheiden uns, dem Herrn zu vertrauen, auch wenn es schwer ist. So oft sind wir überzeugt, daß wir dem Herrn wirklich vertrauen. Dann geschieht etwas, was uns zeigt, wie oberflächlich unser Vertrauen ist. Vor einiger Zeit mußte ich mich entscheiden, dem Herrn auf einer anderen Ebene zu vertrauen. Nachdem ich einige Jahre in Brüssel gelebt hatte, fiel der Dollar dramatisch. Ich fragte mich: „Muß ich nun nach Hause zurückkehren, weil ich nicht mehr genug Geld zum Leben habe?" Ich bekam Angst. Aber eines Tages fragte mich der Herr im Gebet: „Vertraust du mir oder dem Dollar?"

Als er das sagte, begriff ich, daß ich mehr dem Dollar als ihm vertraut hatte. Ich beschloß, dem Herrn zu vertrauen. Ich sagte ihm genau, wieviel Geld ich benötigte, um gut zu leben, und daß ich ihm für diese Summe vertraute. Seitdem habe ich keine finanziellen Probleme mehr, und meine Bedürfnisse sind gedeckt.

Vergebung fängt mit einem Willensentscheid an. Wir müssen sagen: „Ich entscheide mich zu vergeben. Ich will der Person vergeben, die mich verletzt hat. Ich will diese Person lieben."

Ich kam in meiner Ehe an einen Punkt, wo ich meinen Mann nicht mehr liebte. Ich sagte dem Herrn: „Du weißt, daß ich ihn lieben sollte. Es ist mir verleidet mit ihm. Er hat mich zu stark verletzt." Dann zeigte mir der Herr Römer 5,5:

„Denn die Liebe Gottes ist ausgegossen in unsre Herzen durch den Heiligen Geist." Und ich dachte: „Herr, dein Wort sagt, daß die Liebe bereits vorhanden ist. Ich muß es nicht selbst versuchen. Ich will dir glauben. Herr, die Liebe Gottes, also deine Liebe, ist in mein Herz ausgegossen. Ich glaube und vertraue, daß deine Liebe für meinen Mann da ist, weil ich ihn nicht mehr lieben kann."

Da dieses Gebet aber ohne jedes Gefühl war, sagte ich dem Herrn auch noch: „Ich glaube deinem Wort mehr als meinen Gefühlen. Ich habe dich um Liebe für meinen Mann gebeten. Ich werde dafür beten und vertrauen."

Jedes Mal, wenn ich dann Mühe mit meinem Mann hatte, habe ich gesagt: „Danke Jesus, deine Liebe ist in meinem Herzen. Ich bitte, daß deine Liebe für ihn fließt." Bald entdeckte ich eine Liebe für meinen Mann, die sehr schön war. Sie kam nicht von mir, sie kam von Gott. Ist das nicht wunderbar? Es begann alles mit der Entscheidung „ich will, und ich vertraue". Dann wurde es Wirklichkeit. Wir kommen immer wieder an diesen Punkt in unserem Leben mit Gott, wo wir sagen müssen: „Egal wie, Herr, ich vertraue dir."

Wenn wir versuchen, jemanden aus eigener Kraft zu lieben, versagen wir immer wieder. Schenkt uns jedoch Gott seine Liebe für andere, dann gelingt es.

Meine 34jährige Tochter in den USA steckte gerade in Schwierigkeiten, so daß ich bei ihr sein wollte. Eines Tages war ich sehr besorgt um sie, konnte aber nicht zu ihr gehen, ohne alle Vorträge und Veranstaltungen abzusagen. Ich hatte auch das Gefühl, ich solle nicht gehen, Gott sage mir: „Vertraue nur." Also beschloß ich folgendes: „Herr, ich vertraue dir. Ich lege mein Vertrauen bezüglich meinem Kind in deine Hände. Sie ist dein Kind. Ich vertraue dir, daß du für sie sorgst und sie beschützt."

Kurz danach rief ich sie an, und es tönte recht gut. Sie sagte; „Mutti, ich habe Gott zu mir reden hören." Sie sagte, daß sie einen Punkt erreicht hätte, wo sie so frustriert war, daß sie sagte: „Herr, warum läßt du mich nicht einfach sterben?" Darauf sprach der Herr hörbar zu ihr: „Susan, ich habe mein Werk mit dir noch nicht vollendet." Und ich sagte: „Danke, Herr. Ich habe sie in deine Hände gelegt. Du bist treu."

An Weihnachten war ich wieder versucht, nach Hause zu fahren, weil sie sehr deprimiert war, aber ich wußte, daß der Herr meine Gebete beantwortete, indem er sich ihr offenbarte. Ich rief sie ungefähr vier Tage vor Weihnachten an. Sie sagte mir: „Mutti, du wirst kaum glauben, was passiert ist. Die Leute an der Arbeit kamen mit einem dekorierten Baum, mit Geschenken und Geld, viel mehr als ich brauchte oder wollte. Bleib dran mit Gebet, Mutti."

Unseren Willen steuern

Wir können unseren Willen steuern und glauben, daß Jesus uns liebt. Ich lag auf meinem Angesicht vor ihm und schrie: „Ich habe dich und andere im Stich gelassen, ich habe gesündigt, Herr. Vergib mir und reinige mich." Und ich glaubte, daß er es tut, weil die Bibel sagt: „Wenn wir unsere Sünden bekennen, ist er treu und gerecht, daß er uns die Sünden vergibt und uns reinigt von jeder Ungerechtigkeit" (1. Johannes 1,9). Mit meinem Willen beschloß ich, daran zu glauben.

Satan freut sich, wenn wir Gott nicht glauben. Aber für ein Kind Gottes ist er kein guter Partner. Sitzt er auf deiner Schulter und flüstert: „Schau dich bloß an, du hast letztes Jahr versagt, dieses Jahr wirst du wieder versagen, gib doch auf!" dann sage ihm einfach: „Ich habe meine Sünden bekannt, und Jesus hat sie vergeben. Er hat mich gereinigt, und du sollst wissen, daß ich ganz und gar rein bin."

Das ist eine Entscheidung unseres Willens. Wollen wir unser Leben unter die Herrschaft Jesu Christi stellen, ist es außerordentlich wichtig, daß er auch der Herr über unseren Willen ist.

Unsere Gefühle

Er hat mich gesandt zu verbinden, die gebrochenen Herzens sind. *Jesaja 61,1*

Unsere Gefühle sind ein Geschenk des Herrn. Was wären wir, wenn wir nie Freude, Glück, Aufregung, Liebe, Trauer oder Mitleid empfinden könnten? Erlauben wir jedoch negativen Gefühlen wie Wut, Haß, Verachtung, Überheblichkeit oder Stolz, uns zu beherrschen, leben wir im Durcheinander.

Als ich zum Herrn kam, waren meine Gefühle wie ein Jo-Jo, mal himmelhoch jauchzend, dann wieder zu Tode betrübt. Als Folge davon war mein Wandel mit dem Herrn sehr unregelmäßig. Ich konnte am Morgen voller Freude aus dem Bett springen, zehn Minuten später schon wegen einem meiner Kinder die Geduld verlieren. Dann war ich wieder so deprimiert und voll von verletzenden und sogar zerstörerischen Gefühlen. Die Hochs waren wunderbar, aber die Tiefs waren so schrecklich, daß ich es kaum aushalten konnte. Wie sehnte ich mich nach einem Leben, das regelmäßiger war, wenn auch mit weniger Höhenflügen.

Viele Leute sind so wie ich. Ihr Leben ist wie ein Jo-Jo, ihre Gefühle sind völlig außer Kontrolle. Und dennoch hat uns Gott Gefühle gegeben, weil er Gefühle will. Er möchte sein Mitleid durch uns fließen sehen, er möchte, daß wir anderen gegenüber sensibel sind, daß wir mit den Fröhlichen lachen und mit den Trauernden weinen. Bevor das möglich ist, müssen unsere Gefühle erneuert werden und unter seine Herrschaft kommen.

Unsere verletzten Gefühle

Jeder hat mal Angst, jeder erfährt Wut und Zorn, vielleicht auch mal Depressionen. Das ist hier nicht gemeint. Ich spreche davon, daß wir unseren Gefühlen völlig ausgeliefert sind, daß wir uns von den Gefühlen beherrschen lassen. Ist dies der Fall, brauchen wir innere Heilung.

Manche Leute sind so verletzt, daß ihr Herz buchstäblich zerbrochen ist. Das kann in der Kindheit oder Jugendzeit passiert sein oder auch als Erwachsener. Was bricht unser Herz? Mein Herz war durch Ablehnung zerbrochen, durch Gefühle des Nichtangenommenseins. Ich weiß aus Erfahrung, daß Ablehnung äußerst schmerzhaft ist, ja sogar körperlich spürbar sein kann. Ich habe schon erwähnt, daß ich wirklich verzweifelt war, als mich mein Mann verließ. Ich schaukelte mit meinen Schmerzen auf dem Stuhl und schrie zu Jesus: „Hilf mir. Das ist zu viel. Ich halte es nicht aus."

Auch Enttäuschung, Sorge und Trauer können ein Herz brechen. Oft lassen Verletzungen aus Beziehungen mit anderen Menschen oder verletzende Worte – ob wahr oder nicht – ein Kind zurück, das sehr enttäuscht ist oder sogar Gefühle der Ablehnung spürt. Viele Menschen tragen jahrelang einen dumpfen Schmerz mit sich herum, ohne ihn zu verstehen. Sie erkennen nicht, daß der Schmerz von einem zerbrochenen Herzen aus der Kindheit kommt.

Gefühle der Ablehnung

Schauen wir uns einmal die Gefühle der Ablehnung an. Manche Menschen sind so von der Angst gelähmt, abgelehnt zu werden, daß sie sich immer wieder in Situationen der Ablehnung hinein manövrieren. Sie selbst lehnen andere ab, bevor diese Gelegenheit haben, sie abzulehnen. Dann fängt eine neue Runde der Ablehnung an – und so weiter.

Jahrelang litt ich unter Gefühlen der Ablehnung und deren Folgen. Ich war ständig besorgt, ob mich die Leute mochten oder ob sie mich ablehnen würden. Befand ich mich in einem Raum mit vielen Menschen, schaute ich ständig umher und fragte mich, was die anderen wohl über mich dachten. Redeten zwei miteinander und schauten dabei in meine Richtung, dachte ich: „Was reden sie über mich?" – Wahrscheinlich haben sie nicht einmal an mich gedacht.

Als Karin, meine Assistentin, und ich anfingen, miteinander zu arbeiten, hatte ich ab und zu noch Probleme mit dieser Furcht. Kam sie zur Arbeit und fühlte sich nicht wohl oder war nicht so lebhaft wie sonst, war mein erster Gedanke: „Sie hat sich über mich geärgert." Seither habe ich gelernt, sie zu fragen, was los sei. Passiert das heute, bringe ich meine Gefühle ans Licht und frage sie: „Hast du dich über mich geärgert?" Normalerweise hat ihre Stimmung nichts mit mir zu tun. Hat sie sich wirklich über mich geärgert, reden wir darüber.

Ich wurde auch von Selbstmitleid beherrscht, ein sehr häßliches Gefühl. Ich war sehr gut darin. „Ich armer Mensch. Keiner hat es so schwer wie ich." Ich weinte größere Tränen für mich als für andere Menschen.

An einem Sonntagmorgen schlug uns der Pastor ein Experiment vor. Er wollte uns an einen Punkt bringen, wo wir Gott um seiner selbst Willen liebten und nicht für das, was er für uns tut. Er sagte: „Fragt euch, ob ihr euch immer noch freuen könntet, auch wenn sich nichts verändern, kein Gebet jemals beantwortet, eure Umstände genauso wie heute bleiben würden? Würdet ihr immer noch eure Hände erheben und Gott einfach lieben?"

Ich wußte, daß ich Gott nicht so liebte, und ich tat mir selbst leid. Ich hätte dieses Gefühl vielleicht nicht Selbstmitleid genannt, aber als ich nach dem Gottesdienst zum Gebet an den Altar trat, nannte es mein Pastor so. Nach diesem Gebet wurde mir jeweils schnell bewußt, wenn mich das Selbstmitleid packte, und ich konnte dem Gefühl widerstehen.

Der Wahrheit ins Gesicht sehen

Es ist nicht einfach, die Wahrheit über uns selbst zu erkennen. Die Wahrheit über andere zu sehen, ist viel einfacher. Wir merken immer, wenn jemand negativ ist, Selbstmitleid hat oder unkontrolliert ist, daß andere die Geduld zu leicht und zu oft verlieren. Ja, hörten sie nur auf uns, könnten wir ihnen auch sagen, was sie zu tun hätten …

Aber wir sind Experten darin, wahre Tatsachen vor uns selbst zu verstecken. Zum Beispiel: Ich habe Übergewicht, bin mir aber dessen normalerweise nicht bewußt. In allen Spiegeln in meiner Wohnung sehe ich mich nur von der Hüfte an aufwärts. Muß ich jedoch Kleider einkaufen, bin ich mit der Tatsache konfrontiert, mich in bodenlangen, dreiteiligen Spiegeln anzusehen. Natürlich bin ich zuerst sicher, daß die Spiegel lügen. Aber Spiegel lügen nicht, also muß ich mich schließlich, ob ich will oder nicht, mit der Tatsache meiner Figur abfinden.

Wenn wir zur Heilung bereit sind und solche Tatsachen über uns selbst akzeptieren, entdecken wir, daß uns die Wahrheit freimacht (Johannes 8,32). Wollen wir innere Heilung erfahren, müssen wir Gottes Maßstab über gewisse Dinge und Bereiche akzeptieren. Tatsachen über uns selbst erkennen und zugeben, ist der erste Schritt zur Heilung der Seele: „Es ist Tatsache, daß ich so bin. Ich möchte zwar nicht so sein." Der zweite Schritt ist, daß wir uns dem Herrn zuwenden und ihn um Hilfe bitten.

Um geheilt zu werden, mußte ich viele Wahrheiten über mich annehmen. Eine davon war meine Bitterkeit gegenüber Männern. Ich mochte sie eigentlich nicht. Das anzunehmen, war sehr schwer für mich. Hier war ich, eine Leiterin und Lehrerin, und der Herr zeigte mir eine Wurzel der Bitterkeit in mir. Das wollte ich nicht sehen. Ich argumentierte mit Gott, aber er hielt daran fest: „Ja, so ist es." Hier mußte ich eine Entscheidung treffen: entweder ignorieren, was mir der Herr zeigte oder zugeben: „Ja, Herr, zeige mir diese Bitterkeit und hilf mir, sie los zu werden."

Er sagte mir, die Bitterkeit richte sich gegen meinen Vater. Ein langer, schwerer Kampf folgte, bis ich schließlich heil wurde, doch bin ich so froh, daß ich es Gott überließ. Gott hat mich freigesetzt, Männer wirklich gern zu haben und echtes Mitgefühl mit ihnen zu haben anstatt nur oberflächliche Gefühle. Die Liebe, die ich jetzt für Männer empfinde, ist eine besondere. Männer schätzen sie und reagieren darauf. Wenn ich in den Gemeinden diene, kommen oft mehr Männer als Frauen zur Heilung nach vorne.

Positiv oder negativ reagieren

Sind wir in unseren Gefühlen verwundet, reagieren wir ablehnend auf bestimmte Situationen, anstatt darauf einzugehen. Frauen handeln wie kleine Mädchen und Männer wie kleine Jungen. Das ist so, weil das kleine Kind in uns Heilung benötigt.

Der größte Schaden in uns entsteht, bevor wir fünf Jahre alt sind. Der Grund dafür ist, daß kleine Kinder schneller fühlen als verstehen. In meinem eigenen Leben gingen die Verletzungen zurück bis in den Mutterleib. Meine Mutter war in ihrer Ehe unglücklich und dachte an eine Scheidung, als sie mit mir schwanger wurde. Obwohl sie mich liebte und annahm, als ich geboren wurde, erfuhr ich Gefühle der Ablehnung im Mutterleib.

Seitdem habe ich mit vielen Menschen gebetet, deren Wurzel der Ablehnung in die Zeit vor ihrer Geburt geht. Ärzte und Wissenschaftler anerkennen, daß ein Kind schon im Mutterleib Stimmen hören kann. Nach der Geburt kann es die Stimmen erkennen, die es gehört hat. Werden während der Schwangerschaft Härte und starke Gefühle zum Ausdruck gebracht, können diese das Ungeborene emotionell schädigen.

In ihrem natürlichen Überschwang erledigen Kinder ihre Aufgaben oft falsch. Dafür werden sie kritisiert oder bestraft, anstatt Lob und Anerkennung zu erhalten. Wie oft waren wir Opfer von Bemerkungen wie: „Warum hast du das getan?" –"Kannst du nichts richtig machen?" – „Was ist bloß mit dir los?" – „Warum kannst du nicht wie deine Schwester oder dein Bruder sein?"

Hören wir heute solche Kommentare, reagieren wir. Schlimmer noch, wir sagen unseren Kindern dasselbe – und uns selbst in unseren Selbstgesprächen. Wer hat folgendes selbst nie gesagt oder gedacht? „Dummkopf, was hast du wieder getan? Du machst aber auch alles falsch."

Eine Person, mit der ich gebetet habe, erinnerte sich daran, wie sie als kleines Mädchen Blumen gepflückt hatte, um sie ihrem Vater zu bringen. Wie die meisten Kinder hatte sie nur die Köpfe gepflückt. Anstatt sie als Geschenk anzunehmen, bestrafte sie der Vater, weil sie die Blumen nicht anständig gepflückt hatte. Das verletzte kleine Mädchen brauchte Heilung.

Hatten wir das Gefühl, unseren Eltern – besonders unserem Vater – niemals gefallen zu können, übertragen wir oft dasselbe Gefühl auf Gott. Wir glauben fälschlicherweise, wir könnten auch Gott niemals gefallen.

Ich betete mit einem Mann, der von seinem Vater als kleines Kind schwer diszipliniert wurde. Aufgrund seiner Beziehung zu seinem Vater wußte er nicht, wie er seiner Familie Liebe zeigen konnte. Das beeinflußte sowohl seine Ehe wie seine Beziehung zum Herrn. Als der kleine Junge in ihm geheilt wurde, konnte er seiner Familie Liebe zeigen und Liebe von ihr und von Gott akzeptieren.

Zu den Wurzeln vordringen

Solange die Wurzeln unserer Probleme unberührt bleiben, werden wir weiter negativ reagieren. Erlauben wir jedoch Gott, mit seiner heilenden Liebe bis zu diesen Wurzeln vorzudringen, indem er die Erinnerung an die Oberfläche bringt, wirkt er Heilung und Befreiung.

Vor vielen Jahren flog ich im Flugzeug mit zwei anderen Personen, einer Mitarbeiterin und einem Mann, der uns half, eine Konferenz zu planen. Während die beiden in einen anderen Teil des Flugzeuges gingen, um zu arbeiten, fühlte ich mich sehr abgelehnt. Ich weiß, daß es dumm war. Die beiden hatten Dinge zu erledigen, und der Mann bedeutete mir persönlich nichts – doch mir war's zum Heulen. Als sie mich baten, zu ihnen zu kommen, lehnte ich ab: „Nein," log ich, „es geht mir gut, ich möchte allein sein."

Ich war erleichtert, als die Lichter ausgingen und ein Film anfing. „Gut, jetzt kann ich weinen," dachte ich, „ich fühle mich so verletzt." Ich wußte aber, daß ich keinen Grund hatte, mich so zu fühlen. Ich fing an zu weinen, als mir bewußt wurde, ich solle mich an Jesus wenden. Ich bat ihn, mir zu zeigen, warum ich mich so fühlte.

Sofort tauchte eine Erinnerung auf. Es war die Erinnerung an den Augenblick, als mir mein Mann zum ersten Mal sagte, er wolle mich verlassen und eine andere Frau heiraten. Ich wußte, daß ich ihm dafür vergeben hatte, aber ich hatte mich nie um die Gefühle gekümmert. Aus irgendeinem Grund hatte diese Erfahrung, im Trio zu sein, etwas ausgelöst und die alten Gefühle geweckt, die mich jetzt überwältigten. Dort im Flugzeug bat ich Jesus, mich zu heilen und mich von den spürbaren Schmerzen der Ablehnung freizusetzen. Und er tat es auch!

Es ist nicht einfach, sich mit Dingen zu befassen, die wir vergraben haben. Ich hatte die Tatsache begraben, daß ich mit fünf Jahren sexuell mißbraucht worden war. Um mich zu heilen, führte mich der Herr zurück an den Ort, wo es geschehen war. Ich sah mich selbst mit Jesus. Als er mich an der Auffahrt der Garage entlang führte, hatte ich Angst. Ich wollte die Szene nicht nochmals erleben, nachdem ich sie so lange versteckt gehalten hatte. Aber Jesus hielt weiterhin meine Hand und führte mich zur Garage. Als wir dort ankamen, schaltete er das Licht an, und die Dunkelheit verging. Das war alles, aber ich war ein für alle Mal von diesem dunkeln Fleck in meinem Leben befreit.

Bevor Jesus heilt, fragt er immer: „Willst du wirklich geheilt werden? Bist du willig, die Stelle offenzulegen; darf ich an den Ort zurück, den du versteckt oder überdeckt hast?"

Erlauben wir Jesus, an die dunkeln Stellen unseres Lebens zu gehen, um die Bereiche aufzudecken, die wir vor uns selbst versteckt haben, dann wird er uns heilen.

Vergebung

Seid aber zueinander gütig, mitleidig, und vergebt einander, so wie auch Gott in Christus euch vergeben hat!
Epheser 4,32

Ich aber sage euch: Liebt eure Feinde, und betet für die, die euch verfolgen. *Matthäus 5,44*

Jemand hat geschätzt, daß Vergebung 80% der inneren Heilung ausmacht. Viele bestreiten diese Aussage wahrscheinlich. Sie fühlen: „Ich habe schon allen vergeben, an die ich denken kann, brauche aber noch immer Heilung. Wie kann ich mehr vergeben?" Aber die Vergebung, die ich hier meine, ist ein Prozeß in der Tiefe, der weiter geht als unser normales Verständnis von Vergebung.

Als Gott mit meiner Heilung anfing, war der erste Bereich, den er berührte, Heilung in der Beziehung zu meinem Vater. Das war für mein Wachstum als Christ sehr wichtig, da das erste und größte Gebot ist, Gott mit unserem ganzen Herzen, unserer Seele, unserem Verstand und unserer Kraft zu lieben (Matthäus 22,37). Wegen ungelöster Konflikte mit meinem irdischen Vater hatte ich tatsächlich auch mit meinem himmlischen Vater Mühe. Ich hatte Angst vor ihm. Hatte ich etwas falsch gemacht, versteckte ich mich vor ihm wie Adam und Eva, und Gott mußte kommen und mich suchen. So spielte ich eine Art geistliches Versteckspiel. Eines Tages sagte Gott zu mir: „So kannst du schrecklich müde werden. Es wäre doch so nett, einfach gemütlich in meine Gegenwart zu kommen."

Bisher hatte ich mich (willentlich) entschieden, sowohl meinem Vater als auch meiner Mutter alles zu vergeben, was Vergebung nötig hatte. Ich bin sogar in Gedanken zurückgegangen und habe alles an die Oberfläche gebracht, was mir in den Sinn kam. Eines Tages hat mir Gott jedoch Hebräer 12,15 gezeigt: „und achtet darauf, daß nicht jemand an der Gnade Gottes Mangel leide, daß nicht irgendeine Wurzel der Bitterkeit aufsprosse und euch zur Last werde und durch sie viele verunreinigt werden." Und er sagte mir: „In deinem Leben ist eine Wurzel der Bitterkeit."

Ich wußte, daß es stimmt. Ich wußte, daß die Wurzel der Bitterkeit in meinem Leben viel Ärger verursacht hatte, besonders zwischen meinem Mann und mir.

Bitterkeit verschmutzt

Die Schrift sagt uns in obigem Vers, wir könnten andere mit unserer Bitterkeit beflecken. Ich glaube, daß ich durch die Bitterkeit meiner Mutter befleckt wurde. Meine Mutter war sehr verbittert. In einem vorherigen Kapitel habe ich erzählt, wie sie mich schon vor der Geburt abgelehnt hatte.

Meine Mutter war auch meinem Vater gegenüber verbittert und hat sich dann von ihm scheiden lassen. Durch ihre Bitterkeit wurde ich befleckt und lernte, selbst auch bitter zu sein.

Bitterkeit und Groll sind ansteckend. Wie oft erkennen wir den Groll von anderen einfach durch das, was sie uns erzählen? Und manchmal geben wir das sogar an andere weiter. So wie ich durch die Bitterkeit meiner Mutter verunreinigt war, habe ich wiederum meine Tochter mit meiner Bitterkeit angesteckt.

Ich betete mit einer jungen Frau, die Bitterkeit gegenüber Männern hatte. Eine Weile kamen wir nicht weiter. Sie hatte eine wunderbare Ehe. Sie hatte nette Eltern und Brüder. Sie kam aus einem sehr schönen Zuhause. Ich war drauf und dran aufzugeben, als sie sagte: „Weißt du, meine Mutter war mit einem anderen verheiratet, bevor sie meinen Vater heiratete." Als ich weiterfragte, fand ich heraus, daß ihre Mutter ihrem ersten Mann gegenüber bitter war. Indem ihr die Mutter von ihrem ersten Mann und von der Bitterkeit ihm gegenüber berichtete, hatte sie ihre Tochter damit verunreinigt. Wir beteten zusammen, und die junge Frau wurde von ihrer Bitterkeit befreit.

Seitdem habe ich für viele junge Frauen gebetet, die auf Mutters Schoß bitter geworden sind. Das gleiche kann Männern passieren, deren Väter Frauen gegenüber bitter sind. Bitterkeit verursacht fast immer Probleme in den Beziehungen.

Wo hört es auf? Es hört auf, wenn wir diese Tatsache erkennen und mit unserem Willen entscheiden: „Hier hört es auf. Mit deiner Hilfe, Herr, wird es nicht länger so weitergehen."

In der normalen Seelsorge beschäftigen wir uns oft nur mit den Zweigen. Wir schneiden die sichtbaren Zweige ab, schneiden die Pflanze sogar bis auf den Boden zurück. Doch wenig später, hoppla, ist alles wieder da, Blumen und anderes! Bete ich mit jemandem für die Heilung der Seele, gehe ich viel lieber zu den Wurzeln.

Die Wurzel finden

Die Wurzel ist gewöhnlich dort, wo etwas zum ersten Mal geschah. Bete ich mit jemandem, der Opfer von Inzest wurde, gehen wir oft an den Anfang der Wurzel, zum ersten Mal zurück. Wird dieser Teil geheilt, stirbt der Rest oft einfach ab, und wir müssen nicht zu allen anderen Begebenheiten zurückgehen. Wie finden wir die Wurzel? Ganz einfach. Wir bitten Jesus, sie uns zu zeigen.

Bevor ich die Wurzel meiner Gefühle meinem Vater gegenüber erkannt hatte, reagierte ich jedesmal seltsam, wenn autoritäre Personen um mich herum waren, z. B. erfolgreiche Geschäftsleute. Ich verhielt mich wie ein kleines Mädchen, lächelte und stimmte allem zu, was sie sagten. War ich dann wieder zu Hause, wunderte ich mich, warum ich mich so verhalten hatte. In Wirklichkeit stimmte ich gar nicht mit ihnen überein.

Warum verhielt ich mich so? Weil ich sie lieb hatte? Nein, ich hatte Angst vor ihnen. Ich wollte ihnen gefallen. Ich verhielt mich so gegenüber meinem Vater, ich verhielt mich so gegenüber meinem Mann. Der Wunsch zu gefallen, war nicht ehrlich. Er war auf Furcht gegründet und kam aus meiner Bitterkeit.

Eines Tages zeigte mir der Herr, daß ich gefühlsmäßig eine große, wunderbare Glasvitrine hatte. In dieser Vitrine hatte ich Trophäen, die all das repräsentierten, was mir Menschen angetan hatten. Meistens ließ ich die Trophäen in der Vitrine, aber ab und zu würde ich sie herausholen und erzählen, wie ich sie bekommen hatte. „Weißt du, was sie mir angetan haben. Es hat mir wirklich weh getan." Und so würde ich weiter erzählen und zum Schluß, wie so viele von uns, mit einem Lächeln sagen: „Aber ich habe ihnen vergeben."

Der Herr zeigte mir, daß ich diese Vitrine loswerden mußte, daß er auch vergißt, wenn er vergibt.

Den Schmerz wegnehmen

Der Herr hilft bei dieser inneren Heilung. Gibt es eine schmerzliche Erinnerung, kommt Jesus Christus und nimmt die Schmerzen der Worte oder des Geschehens weg. Wir erinnern uns der Schmerzen nicht mehr. Die Erinnerung daran bleibt vielleicht, aber Jesus hat den Schmerz weggenommen. Ich kann in Gedanken dorthin zurückgehen, wo mich Gott geheilt hat. Jetzt sind nur noch Erinnerungen da, kein Schmerz mehr, keine Verletzung durch die damit verbundene Ablehnung. So befähigt uns Jesus zu vergeben, wie er vergibt. Er tut unsere Sünden so weit weg, wie der Westen vom Osten entfernt ist. Er erinnert sich nicht mehr daran. Er setzt uns völlig frei. So will er auch, daß wir andere freisetzen können.

Manchmal fragen mich Menschen, warum ich so freundlich über meinen früheren Mann sprechen könne. Das ist möglich, weil alle meine schlechten Erinnerungen vergeben und vergessen sind. Ich kann jetzt sogar mit ihm zusammen sein, da ist kein Schmerz und keine Bitterkeit, einfach nur Friede.

Obwohl ich meinem Vater alles vergeben hatte, woran ich mich erinnern konnte, brachte der Herr später fünf oder sechs Schlüsselerinnerungen an die Oberfläche. Es gab einen Faden der Furcht und der Ablehnung, der sich durch all diese Erinnerungen zog.

Wir werden von den Menschen verletzt, die wir am meisten lieben. Das können sogar diejenigen sein, die wir mehr oder weniger als Idole verehren. Ich liebte meinen Vater, liebte es, ihm einfach hinterherzulaufen, für mich war er der Ritter in der glänzenden Rüstung. Das Problem war natürlich, daß er gar nicht mein Ritter in der glänzenden Rüstung sein konnte. Er fiel dauernd von seinem Pferd herunter. Alles, was ich in meinen frühen Jahren sah – jedoch nicht hätte sehen sollen – bewirkt Angst in mir. Aber weil ich meinen Vater lieb hatte, begrub ich diese Angst.

Als der Heilige Geist jene Schlüsselerinnerungen der Furcht und Ablehnung ans Licht brachte, kam Jesus und heilte sie. Leider war das erst viel später in meinem Leben. Ich war mit derselben Bitterkeit in meine Ehe gegangen, die ich meinem Vater gegenüber hatte. Redete ich über meine Ehe und über Dinge, die mit meinem Mann passierten, hörte es sich manchmal an, als wäre er allein verantwortlich für das Scheitern unserer Ehe. Als ich aber fähig war, die Wahrheit zu erkennen, zeigte mir der Herr, daß ich mit dieser Wurzel der Bitterkeit und Angst in meine Ehe gegangen war. Nur Gott weiß, wie sehr das unsere Beziehung belastet hatte.

Wir können alle unsere Ängste von einer Beziehung zur nächsten übertragen, Ehemänner zu Ehefrauen, Ehefrauen zu Ehemännern, im Berufsleben und in persönlichen Beziehungen. Aber der Herr möchte diese Ängste wegnehmen, so daß unsere neuen Beziehungen frei von vergangenen Problemen sein können; und wir ins neue Leben mit Jesus Christus eintreten können.

In Matthäus 7, 1+2 sagt Jesus: „Richtet nicht, damit ihr nicht gerichtet werdet. Denn mit welchem Recht ihr richtet, werdet ihr gerichtet werden; und mit welchem Maß ihr meßt, wird euch zugemessen werden."

Verurteilen und kritisieren

Haben wir einer Person gegenüber Bitterkeit, richten wir sie. Durch die Vergebung setzen wir sie jedoch von dieser Verurteilung frei. Wenn ich für jemanden bete, empfehle ich, nicht nur zu sagen: „Ich vergebe", sondern: „Ich setze so und so frei vom Urteil, das ich gegen sie hatte." Zu sagen, wir vergeben, und trotzdem am Urteil gegen diese Person festhalten, ist zu einfach.

Das funktioniert in beide Richtungen. Wenn wir jemanden kritisieren oder verurteilen, richten wir ihn. Dieses Urteil wird schließlich Wurzeln der Bitterkeit hervorbringen. Wie viele von uns kritisieren oder verurteilen unsere Eltern? Einmal sagte ich etwas zu einer Freundin. Danach stellte ich fest, daß ich wie meine Mutter getönt hatte. Als ich ein paar Minuten später an einem Spiegel vorbeiging, sah ich sogar aus wie sie. Indem ich meine Mutter verurteilte, öffnete ich eine Türe, durch die mir das gleiche wie ihr widerfahren konnte. Da war immer noch Bitterkeit, die der Heilung bedurfte.

Sieht man die gleiche Laune an sich, die man an seinen Eltern verurteilte, die gleichen Handlungen, die man kritisierte, dann hat man einen guten Schlüssel zu dem Bereich, der Heilung braucht, um die Tür zuzuschließen.

Ich stelle mir oft vor, ich sei ein Haus für Gott. Ich kann die Tür öffnen und den Feind hereinlassen. Ich kann aber auch eine Türe schließen – und nur ich selbst kann das tun. Dadurch befreie ich die betroffene Person und sage: „Ich setze so und so frei vom Urteil."

Das verletzte Kind in uns

Oft arbeiten wir bei der inneren Heilung nicht auf der Ebene der Erwachsenen. In jeder verletzten Person befindet sich ein Kind, das sehr eigenwillig sein kann. Ich entdeckte, daß verletzte Personen meist sehr dickköpfig sind. Das müssen sie, es ist der einzige Weg zum Überleben.

Als Erwachsene wollte ich vollständige Versöhnung mit meiner Mutter erfahren. Ich hatte für andere Leute gebetet, die Probleme mit ihren Eltern hatten und gesehen, wie sie wunderbare Heilung empfingen, also dachte ich: „Was stimmt nicht mit mir? Ich habe alle richtigen Gebete gebetet und alle richtigen Dinge getan." Und dennoch wußte ich, daß ich im Innersten noch nicht befreit war.

Oft bin ich im Gebet zu einem Ereignis zurückgegangen, als ich fünf Jahre alt war. Damals fühlte ich mich von meiner Mutter ungerecht bestraft. Eines Tages zeigte mir der Herr im Gebet folgendes: Während die erwachsene Paula geheilt werden wollte, vergeben möchte und eine richtige Beziehung zu ihrer Mutter wünschte, war in mir ein sehr dickköpfiges fünfjähriges Mädchen, das sich entschieden hatte, es möge seine Mutter nicht und sie ablehnte. Ich mußte zurückgehen und diese Entscheidung rückgängig machen, damit die Sturheit gebrochen werde und die Heilung stattfinden konnte.

Das starrköpfige, eigenwillige Kind muß in einer bestimmten Erinnerung, zu einem bestimmten Zeitpunkt, die gegen Vater oder Mutter gerichtete Verurteilung für ein bestimmtes Ereignis zurücknehmen. Es muß Gott um Vergebung für dieses Verurteilen bitten. Dann kann es geheilt werden.

Als ich meine Familie das erste Mal von solchen Verurteilungen freisprach, war das sehr schwer für mich. Ich gab ihnen für alles Mögliche die Schuld, warum also mußte ich zuerst vergeben? Aber Jesus machte mir klar, daß ich mich meinen Taten stellen mußte – also der Bitterkeit und den Vorwürfen, die ich mit mir herumgetragen hatte – selbst wenn ich fühlte, daß mich auch meine Eltern verletzt hatten. Ich mußte sagen: „Herr, vergib mir, daß ich Bitterkeit und Vorwürfe gegen meinen Vater und meine Mutter hatte, und bitte befreie mich davon." Als ich das getan hatte, schloß ich eine Tür, durch die der Feind keinen Einlaß mehr hatte. Vergebung ist immer ein Teil der Befreiung.

Wir wollen auch kurz über Vergewaltigung und Inzest reden, Verbrechen, über die wir heute viel hören. Auch hier in Europa herrschen sie vor, wie auf der ganzen Welt. Auf einem Seminar, das ich in Belgien hielt, kamen sieben Frauen zur Heilung nach vorne. Diese Frauen hatten nichts getan, sie waren unschuldige Opfer. Aber durch Vergewaltigung und Inzest entstehen immer schreckliche Schuldgefühle. Dazu trugen diese Frauen ihr ganzes Leben lang Groll und Verletzungen mit sich herum. Der einzige Weg zur Freiheit für diese Opfer geht über die Vergebung und das Zurücknehmen der Verurteilung, die wir ausgesprochen haben.

Manche Menschen sagen: „Ich kann nicht vergeben. Es ist zu schmerzhaft." Das habe ich vor Jahren meinem Pastor gesagt. Ich konnte meinem Mann vergeben, aber ich konnte der Frau, mit der er sich eingelassen hatte, nicht vergeben. Mein Pastor sagte: „Das stimmt, du kannst es nicht. Warum bittest du nicht Jesus, dir zu helfen?"

Ich kann nicht – Jesus kann

An diesem Tag habe ich etwas sehr Wichtiges gelernt: Ich kann nicht vergeben, aber Jesus wird es tun. Bitte ich ihn um Hilfe, ist die Befreiung vollständiger. Bete ich also für jemanden, bitte ich immer, Jesus möge uns helfen. Dieses Gebet empfehle ich auch der Person, für die ich bete.

Wenn Menschen mit Jesus beten, sehen sie ihn meist in Gedanken oder sie spüren seine Gegenwart. Nachdem sie gesagt haben: „Jesus, hilf mir, dieser Person zu vergeben, ich kann es nicht", sind sie fast sofort bereit zu vergeben, weil Jesus seine Gnade mitbringt.

Jesus sagte zu Paulus: „Meine Gnade ist genügend. Meine Kraft wird in der Schwäche vollkommen" (2. Korinther 12,9). Wir müssen unsere Schwäche nur zugeben, und die Kraft der Gnade Gottes kommt und hilft uns zu vergeben. Ich habe Menschen gesehen, die jahrelang schwerste Verletzungen mit sich herumtrugen. Sie waren in der Lage, innerhalb weniger Minuten den Menschen zu vergeben, die mit diesen Verletzungen zu tun hatten.

Wenn wir mit Menschen beten, die Heilung der Seele benötigen, müssen wir immer daran denken, daß diese Heilung auf einer Beziehung zu Jesus basiert. Wir wollen nicht Psychologen sein, die versuchen herauszufinden und zu analysieren, was in der Vergangenheit geschehen ist. Wir wollen nur auf Jesus sehen.

Das Wort Gottes sagt uns, daß der Heilige Geist unser Ratgeber und Lehrer ist. Lernen wir, zu ihm zu kommen, wird er uns die nötige Antwort oder Einsicht geben.

Einmal sagte mir jemand: „Du bist wirklich eine gute Seelsorgerin." Als ich wegging, dachte ich: „Ich bin wirklich eine gute Seelsorgerin." Sofort spürte ich eine Schwere in meinem Geist. Ich erkannte, daß mir der Herr sagte: „Du weißt, wer der Seelsorger ist, nicht wahr?" Ich mußte ganz schnell um Vergebung bitten. „Vergib mir, Herr, daß ich dir nicht alle Ehre gab."

Ich kann kein Lob für diese Seelsorge annehmen. Ich habe keine Seelsorgekurse absolviert, ich habe keine Ausbildung erhalten, außer was ich vom Heiligen Geist gelernt habe, vom Herrn und seinem Wort.

Unser Selbstbild

Denn du hast meine Nieren geschaffen, du wobest mich in meiner Mutter Schoß. Ich danke dir, daß du mich wunderbar gemacht hast. *Psalm 139,13–14*

Innere Heilung bedeutet: den falschen Glauben oder die Lügen aufdecken, die wir sowohl über Gott als auch über uns selbst haben.

Wird etwas über uns oft genug gesagt, sei es wahr oder nicht, fangen wir an, daran zu glauben.

Der Charakter eines Kindes ist mit fünf Jahren geformt. Sind also die in seinem Verstand gespeicherten Eindrücke negativ, wird es von sich selbst ein negatives Bild haben. In seinem Leben werden Dinge geschehen, die diesen Eindruck bestätigen. Egal was das Wort Gottes sagt, egal welche Fassade es äußerlich trägt, egal was es sagt oder tut, auch nach der Bekehrung trägt es noch immer das negative Bild von sich selbst mit sich herum.

Der Feind versucht, uns zu zerstören. Er kommt, um zu töten, zu verschlingen und uns anzulügen. Jesus will uns retten und wiederherstellen.

Wir können jedoch keine gute Beziehung zu Gott haben, solange wir ein schlechtes Bild von uns haben. Hinter allen Versuchen, unser falsches Selbstbild auch vor uns zu verstecken, fragt eine Stimme: „Wie kann mich Gott lieben? Ich bin schrecklich. Ich habe gerade wieder versagt. Ich habe meine Kinder angeschrien. Ich habe meinen Mann angeschrien. Wie kann ich zu einem heiligen Gott kommen?"

Wenn wir spüren, daß unsere Gefühle verletzt sind, oder wenn wir ein falsches Selbstbild aufbauen, ist es sehr schwierig, zum Herrn zu kommen, obwohl wir die Wahrheit seines Wortes kennen. Egal wie schnell du zum Gnadenthron rennen möchtest, irgendwie scheinst du es nicht zu schaffen. Deine Gefühle sind wie ein Anker, der dich zurückhält.

Sich häßlich fühlen

Ich bin mit einem Muttermal geboren. Obwohl es operiert wurde, als ich ein kleines Baby war, hatte ich immer eine dunkle, rote Narbe auf meiner rechten Gesichtshälfte. Den größten Teil meines Lebens dachte ich, ich sei häßlich. Aber das war nicht mein einziges Problem. Ich mußte auch mit der Tatsache leben, daß meine Schwester als Baby in einem Film „mitspielte". Natürlich war ich nie im Film. Niemand nimmt ein häßliches Kind für einen Film. Auch als Erwachsene wußte ich, daß ich häßlich war, obwohl mir Leute sagten, ich sähe gut aus. Ich lernte zu lächeln und sagte: „danke schön", wenn mir jemand ein Kompliment machte, aber ich glaubte es nie. Das war so, bis ich 42 war.

Als mich Jesus heilte, stellte ich mich bei der Geburt vor. Ich sah Jesus hinter dem Arzt stehen. Sobald ich geboren war, streckte Jesus seine Hand aus und heilte mich. Ich hatte immer noch die äußerliche Narbe, aber Jesus entfernte die innere Narbe, die ich all die Jahre mit mir herumgetragen hatte. Von da an fühlte ich mich anders. Vor dieser Zeit konnte ich mich nie auf Kassette hören, aber nun konnte ich es, und es gefiel mir sogar. Von da an konnte ich in den Spiegel schauen und mich anlächeln. Jesus hatte die Fesseln gelöst.

Karin, meine Assistentin, ist ein anderes Beispiel einer in Fesseln gebundenen Person. Karin ist sehr schlank, aber als sie aufwuchs, nannten sie ihre Brüder aus irgendeinem Grund: „Big Bottom" (Fetthintern). Egal was ihr der Spiegel zeigte, Karin glaubte dem, was ihre Brüder sagten. Als ich sie traf, wollte sie keine Jeans tragen. Als ich sie nach dem Grund fragte, sagte sie: „Weil ich einen so großen Hintern habe." Ich konnte meinen Ohren nicht trauen. Hier war diese schlanke, junge Dame – ein richtiger Jeans-Typ – und sie wollte sie wegen einer falschen Überzeugung nicht tragen.

Durch innere Heilung wurde Karin von dieser falschen Meinung befreit und trägt heute Jeans – und sie stehen ihr sehr gut.

Sich dumm fühlen

Viele Jahre lang dachte ich auch, ich sei dumm. Meine Schwester hatte einen sehr hohen IQ, und meine Eltern waren sehr stolz auf sie. Als ich ein kleines Mädchen war, entschlossen sich meine Eltern, auch mich testen zu lassen. Da ich nur durchschnittlich abschloß, waren sie enttäuscht. Während meiner Kindheit hielt ich mich für die Dumme in der Familie. Als Gott mich heilte, erkannte ich die Lüge. Ich sah, daß ich vieles sehr schnell begriff, und wenn ich einmal etwas angefangen habe, kann mich nichts mehr zurückhalten.

Ich kenne eine Frau, die Größe 34 trägt und immer noch meint, sie sei dick. Diese falsche Überzeugung begann, als sie als rundliche Zehnjährige ihrem Vater entgegenlief, um ihn zu begrüßen. Er sagte: „sieh' dich doch einmal an, du bist so fett wie ein Schwein."

Ihr Vater hatte nicht die Absicht, sie zu verletzen, er liebte sie, aber diese Worte blieben in ihrem Gedächtnis haften. Noch heute steckt in diesem schlanken Körper jemand, der sich selbst als dick betrachtet.

Wißt ihr, ich sehe heute anders aus. Fängt man einmal damit an, sich selbst zu mögen, geschieht äußerlich etwas. Ich habe ein Foto von mir, bevor ich geheilt wurde. Wer es sieht, würde mich kaum wiedererkennen. Mein Gesichtsausdruck ist unfreundlich, ich sehe nicht fröhlich, sondern unglücklich aus. Das Licht Jesu leuchtet dort nicht. Jeder würde wahrscheinlich sagen: „Das ist keine besonders attraktive Frau". Heute sehen meine Bilder anders aus. Ich sehe wie jemand aus, dem sein Aussehen wichtig ist. Ich sehe glücklich aus.

So wie ich mich innerlich veränderte, verwandelte sich auch mein Äußeres. Ich machte es nicht selbst, es ist von selbst geschehen. Wenn die Heilung im Inneren beginnt, hinterläßt sie auch äußerlich Spuren.

Die meisten Menschen, die sich irgendwie häßlich fühlen – sei es wegen ihrem Gesicht, ihrem Körper, ihren Fähigkeiten oder ihrer Intelligenz – hassen sich selbst. Wenn ich für Erwachsene bete, die sich als Versager fühlen, merken wir oft, daß ihnen solche Ideen als Kinder eingepflanzt wurden. Oft finden wir solche Ideen, die wie ein roter Faden durch ihr ganzes Leben laufen und sie zum Versagen vorprogrammieren.

Sich abgelehnt fühlen

Menschen, die durch Gefühle der Ablehnung verletzt wurden, kann man leicht erkennen. Bei einer gesellschaftlichen Veranstaltung setzen sie sich oft allein hin, als wollten sie sagen: „Keiner mag mich. Ich gehöre nicht dazu."

Solche dummen Äußerungen und Ideen bleiben erstaunlicherweise in unserem Gedächtnis haften. Als ich ein Kind war, sah ich anders aus als der Rest der Familie. Alle waren blond, ich hatte dunkles Haar. Es war ein Witz der Familie, ich sei Mexikanerin. Eines Tages sagte mir meine Schwester, es habe mit den Babys im Krankenhaus eine Verwechslung gegeben, ich gehöre eigentlich zu einer anderen Familie.

Dumm? Nicht wirklich. Wenn solche Ideen anfangen, uns zu verletzen, sind sie nicht mehr dumm, sondern gefährlich. Weil es Lügen sind, verletzen sie uns. Um davon befreit zu werden, müssen wir erkennen, welchen Lügen wir glauben, und Jesus bitten, diese Lügen durch seine Wahrheit zu ersetzen. Wir müssen Jesus bitten, uns zu den Wurzeln dieser falschen Überzeugung zurückzuführen, uns von ihr zu lösen und das falsche Bild in uns zu ersetzen.

Ich glaubte einer weiteren Lüge: ich könne keine Briefe schreiben. Als Kind mußte ich nach Weihnachten Dankesbriefe schreiben. Meine waren nicht so gut, was mir auch immer gesagt wurde. Also wuchs ich mit der Lüge auf, ich könne keine Briefe schreiben. Später bestand ein Teil meiner Arbeit daraus, viele Briefe zu schreiben. Ich mußte meine Gefühle überwinden. Heute schreibe ich gerne Briefe.

Hat Jesus erst einmal unsere falsche Vorstellung zerschlagen, sind wir frei, das Bild der Gotteskindschaft anzunehmen. Wie sieht das aus? Die Bibel sagt, Gott habe uns erschaffen, im Mutterleib geformt. Dort steht, wir seien mit der Gerechtigkeit von Jesus Christus gerecht gemacht, und wir könnten durch Jesus Christus, der uns stärkt, alles tun. Wir können alles tun, was Gott will. Sind wir schwach, genügt uns seine Gnade. Er wird uns Kraft geben. Brauchen wir Weisheit, müssen wir ihn nur darum bitten. Wir können vom Heiligen Geist Erkenntnis erhalten.

Und das ist nur der Anfang!

Die Lügen, die wir glauben

Unsere Beziehung zu unseren Eltern, besonders zu unserem Vater, beeinflußt unsere Beziehung zu Gott auf gute oder schlechte Weise.

Meinem Vater ging es finanziell recht gut. Er gab mir materiell fast alles, was ich mir wünschte, aber er war unfähig, mir seine Liebe zu zeigen. Deshalb erwartete ich von meinem himmlischen Vater dasselbe. Ich finde es zum Beispiel leicht, Gott für meine materiellen Nöte zu vertrauen, sogar für „Extras". Viele sagen mir: „O, Paula, in Bezug auf Finanzen scheint dir einfach alles zuzufliegen." Und das stimmt. Als Kind hatte ich totales Vertrauen, daß mir mein Vater alles geben würde, was ich brauchte und noch vieles, was ich nicht brauchte. Daher ist es für mich einfach zu glauben, daß mein himmlischer Vater das gleiche für mich tun wird. Dieser Bereich des Glaubens ist für mich kein Kampf.

Aber Gott zu glauben, daß er mich liebhat, ist eine ganz andere Sache. Weil mein Vater ein Perfektionist war, zeigte er mir seine Liebe und Anerkennung nur, wenn ich in seinen Augen etwas korrekt getan hatte. Dadurch war seine Liebe zu mir von einer Bedingung abhängig. Entsprach ich seinen Erwartungen nicht, zeigte er mir sein Mißfallen. Als Christ übertrug ich diese Haltung auf Gott. Ich erwartete, daß er mich wie mein Vater liebte, solange ich alles richtig machte. Sobald ich jedoch etwas falsch machte, würde er aufhören, mich zu lieben!

Das war eine Lüge. Wir alle glauben solchen Lügen über Gott und uns selbst. In diesem Kapitel werden wir einige Lügen ansehen – und den Schaden, den sie anrichten.

Einige Lügen, denen wir Glauben schenken

Viele Menschen haben Angst vor Gott. Als sie aufwuchsen, erfuhren sie Schreckliches und machten Gott dafür verantwortlich. Wieviel sie auch über Gottes Liebe hörten, versteckte sich hinter aller Lehre eine tiefe Furcht, was Gott ihnen antun könnte, wenn er wirklich wütend wäre. Er könnte ja sogar die Erde öffnen und sie verschlucken. Viele, die solchen Lügen glauben, benutzen oft das Alte Testament, um ihre Argumente zu beweisen.

Dabei übersehen wir aber, daß selbst das Alte Testament einen liebenden Gott zeigt. Wir übergehen Bücher wie Hosea, die uns zeigen, daß Gott einem untreuen Volk treu geblieben ist. Daß er sein Herz für sein Volk ausgegoßen hat und es trotz ihrer Untreue dauernd geliebt hat. Das Buch Jona zeigt uns, wie Gott Jona nach Ninive schickte, um die Menschen ein letztes Mal zu warnen, weil er sie nicht zerstören wollte. An so vielen Stellen im Alten Testament kann man das Vaterherz Gottes hören, das seinem Volk ruft.

Jesus zeigt uns wirklich das Herz des Vaters. Er sagt, er mache nur, was ihm der Vater zeige. Die Gleichnisse zeigen uns denselben liebenden Vater.

Ja, wenn wir etwas falsch machen, überführt uns Gott. Er will uns erziehen, aber er liebt uns dabei bedingungslos weiter. Und mit dieser Liebe korrigiert er uns. Das lehren uns die Evangelien. So ist der Vater, den uns Jesus zeigt.

Ich betete mit einem Mann, dessen Vater starb, als er noch ein kleiner Junge war. Damals erzählte ihm ein Verwandter, Gott habe seinen Vater genommen. Für uns tönt das vielleicht nicht so schlimm, aber stell dir vor, wie ein Kind darauf reagiert. Er fing an zu denken: „Was für ein hinterhältiger Gott. Ich brauche meinen Vater, und Gott hat ihn mir weggenommen."

Langsam, aber sicher entwickelte sich Groll und schließlich Bitterkeit gegen Gott. Der Mann wurde Christ, aber hinter der ganzen Theologie des lieben Gottes versteckte sich noch immer seine Überzeugung, Gott sei hinterhältig. Seine Beziehung zu Gott war gestört, bis er durch innere Heilung sein falsches Gottesbild erkannte.

Laßt uns eine andere Lüge anschauen – eine, der ich jahrelang glaubte. Viele haben schon gehört: „Hilf dir selbst, so hilft dir Gott!" Viele glauben sogar, es sei ein Bibelvers. Folglich glauben sie dieser Lüge und versuchen, sich selbst zu helfen, anstatt sich auf Gott zu verlassen. Die Wahrheit sagt jedoch: Gott möchte, daß wir uns auf ihn verlassen. Die Schrift sagt uns, daß er den Schwachen hilft.

Das ist nicht die Art der Welt, aber es ist Gottes Art. Doch wer will schon schwach sein? Wir wollen stark sein und alles auf unsere Weise machen. Ich war so. Meine Mutter erzählt mir, daß ich als kleines Mädchen, wenn mir jemand helfen wollte, immer sagte: „ selber machen."

Unser Herz sehen

Vor ein paar Jahren war ich an einem Treffen, wo der Redner jeden Anwesenden aufforderte, Gott zu bitten, ihm sein Herz zu zeigen. Alles lief in meinem Leben gut, so erwartete ich, daß mir Gott ein reines, schönes Herz zeigen würde. Er zeigte mir wohl ein schönes Herz, aber aus einer Seite des Herzens wuchs ein häßlicher Zweig.

Ich fragte Gott: „Herr, was ist dieser Zweig?"

„Paula, das ist der rebellische Teil von dir, der unabhängig sein will."

Ich konnte nicht glauben, was ich da hörte. „Ich rebellisch, Herr?" argumentierte ich, „ich habe doch alles zurückgelassen, um für dich Missionarin zu werden. Ist Rebellion nicht ein bißchen zu stark?"

„Nein, Paula, das ist es nicht." antwortete er. „Ja, du machst was ich möchte, aber du kämpfst dagegen. Du argumentierst mit mir. Du findest es schwer, meinen Willen anzunehmen. Du denkst meistens, dein Weg sei besser."

In dem Moment hatte ich nichts mehr zu meiner Verteidigung zu sagen. Ich mußte zugeben: „Du hast wieder recht. Ich gehorche dir zwar, aber nicht aus Freude und Dankbarkeit."

„Ja, das stimmt, du gehst deinen eigenen Weg."

„Ja, aber was ist an meinem Weg falsch, Herr? Warum bist du bloß nie damit einverstanden?"

„Das ist der Teil von dir, den ich berühren möchte, Paula."

Ich hatte keine Wahl, ich mußte Buße tun. Ich sagte nur: „Gott, ich möchte nicht so sein. Bitte vergib mir. Ich möchte mich wirklich dir zuwenden und so sein, wie du es möchtest. Ich möchte den häßlichen Zweig der Rebellion loswerden, der in meinem Herzen wächst. Ich möchte ein reines Herz."

In den folgenden Monaten zeigte mir der Herr eine Szene aus meiner frühen Kindheit. Ich war drei Jahre alt. Meine Eltern und meine Schwester hatten einen schrecklichen Streit. Ich sah mich selbst zusammengerollt auf einer Couch sitzen. Der Herr zeigte mir, daß ich in diesem jungen Alter eine Entscheidung getroffen hatte: „Meine Eltern können nicht für mich sorgen. Ich muß das wohl selbst erledigen." Für mich war das nur die logische Entscheidung eines Kindes, das in eine chaotische Familie geboren wurde. Der Herr zeigte mir auch, daß ich bereits in dem Alter eine vollständige Schutzwand um mich herum aufgebaut hatte, um mich vom Rest meiner Familie zu trennen.

Während meiner ganzen Kindheit war ich als sehr unabhängiges Kind bekannt, das alles selbst und auf seine Weise erledigen wollte. Als ich dann zum Herrn kam, unterwarf ich mich ihm so gut ich konnte und dachte, es würde genügen – bis zu jenem Tag, an dem er mir mein Herz zeigte.

Schwüre machen und brechen

Wenn wir einer Lüge glauben, treffen wir oft eine Entscheidung oder leisten einen „Schwur", der sich auf die Lüge bezieht. Ein tiefer Schwur der Unabhängigkeit, der bis in die Kindheit zurückreicht, ist sehr stark und sehr schwer zu brechen. Wir sind uns des Schwures vielleicht nicht bewußt, aber es ist trotzdem ein Schwur. Während der inneren Heilung erkennen und brechen wir solche Schwüre.

Als Gott anfing, an meinem Herzen zu arbeiten, zeigte er mir den Fortschritt in einer Reihe von Bildern. Zuerst zeigte er mir eine Schaukel, die auf jeder Seite einen Sitz hat und hin und her schwingt. Ich sah mich selbst auf einem Sitz und Jesus auf dem anderen Sitz. Wir schwangen hin und her, aber ich bestimmte die Geschwindigkeit. Es war mir wohl, aber als Jesus sagte, „Paula, komm zu mir herüber," erkannte ich, daß ich nicht bei ihm sitzen wollte. Ich mochte es, ihm gegenüber zu sitzen, sein Gesicht zu sehen, ihm nahe zu sein, aber ich wollte die Schaukel in Schwung halten.

Das nächste Mal zeigte er mir dasselbe Bild. Ich hatte einen Fuß auf jedem Sitz und versuchte immer noch, die Schaukel in Bewegung zu halten. Schließlich kam der Tag, an dem Jesus und ich nebeneinander saßen und er den Schwung angab.

Obwohl ich mit vielen Menschen für ihre Beziehung zu ihrer Mutter gebetet hatte, kam eine Zeit, wo ich feststellte, daß meine Beziehung zu meiner Mutter nicht heil war. Schließlich zeigte mir Gott im Gebet, ich hätte das Gefühl, meine Mutter liebte mich nicht. Die Person, die mit mir betete, fragte mich über meine Geburt. Ich erzählte ihr, ich sei im Alter von drei Tagen wegen der Operation meines Muttermals in einen Brutkasten gekommen. Der Herr zeigte uns, daß darum unsere Beziehung gestört war.

An jenem Tag gab uns der Herr beim Beten ein wunderbares Bild: Jesus kam zu mir in den Brutkasten. Er steckte seine Arme durch die beiden Löcher, und ich konnte die Wärme seiner Liebe spüren. Dann brachte er mich meiner Mutter, und ich wußte endlich, daß eine echte Beziehung zwischen uns vorhanden war.

Als mein Vater starb, weinte ich nicht. Als ich jedoch hörte, meine Mutter liege im Sterben, sagte ich: „Bitte, Herr, laß mich um sie weinen, wenn sie stirbt." Gott beantwortete mein Gebet. Ich war sehr traurig und konnte weinen, als meine Mutter starb.

Lügen und bewußte oder unbewußte Schwüre, die wir ablegen, entstehen durch unsere Verletzungen und Verwundungen. Sie müssen erkannt und ausgesprochen werden, damit wir sie brechen können. Manchmal brauchen wir Hilfe im Gebet. Erkennen wir solche Dinge, können wir sie auch allein zu Jesus bringen und ihren Einfluß und ihre Kraft in unserem Leben brechen.

Wollen wir jemals vollständig heil sein, müssen wir der Wahrheit des Wortes Gottes glauben. Stimmt unser Glaube mit dem Wort Gottes überein, wird unser Verstand erneuert. Wir gewinnen an Vertrauen und wissen, wer wir in Christus sind. So können wir in unserer Beziehung zu Gott wachsen und seinen Willen für unser Leben erkennen. Wir können Jesus bitten, unsere falschen Überzeugungen wegzunehmen, so daß auch unsere Gefühle mit dem Wort Gottes übereinstimmen.

Der Tröster

Gepriesen sei der Gott und Vater unseres Herrn Jesus Christus, der Vater der Erbarmungen und Gott allen Trostes, der uns tröstet in all unserer Bedrängnis, damit wir die trösten können, die in allerlei Bedrängnis sind, durch den Trost, mit dem wir selbst von Gott getröstet werden.

2. Korinther 1,3–4

Dieser Bibelvers erklärt unseren Dienst. Natürlich bedeutet das Wort trösten hier keinen ermutigenden Klaps auf die Schulter. Es ist eigentlich das gleiche Wort wie in Johannes 14,16, wo Jesus sagt: „Und ich will den Vater bitten, und er wird euch einen anderen Beistand (Tröster) geben, daß er bei euch bleibe in Ewigkeit."

Der Heilige Geist ist unser Tröster, unser Beistand. Er kommt, um Hoffnung und Freude zu geben und hilft uns, Trauer und Schmerz wegzunehmen. Als Jesus wegging, schickte er uns einen anderen Tröster, um seinen Platz einzunehmen und uns Trost zu spenden. Aber die Schriftstelle im 2. Korinther geht noch einen Schritt weiter. Sie sagt uns: Haben wir Trauer, Schmerz oder irgendeinen Kummer durchgemacht – irgendwann, vor langer Zeit oder erst gestern –, was immer wir erlebt haben, kann dazu dienen, anderen Menschen zu helfen. Wie Gott uns getröstet hat, können wir andere trösten.

Es war eine der größten Entdeckungen in meinem Leben, daß aus jeder schlechten Erfahrung etwas Schönes werden kann. Deshalb kann ich mir nicht selbst leid tun. Das Leben, das Satan auf verschiedene Weise zu stören, ja zerstören versuchte, ist von Gott angenommen. Er sagt: „Ich werde es schön machen. Ich werde es benutzen, um Hilfe und Hoffnung zu bringen und Trost und Heilung für andere Menschen."

Wäre es nicht wunderbar, wenn jeder wiedergeborene Christ diese Vision erfassen könnte? Hätten wir dann so viele kranke Menschen um uns herum? Soviele schwache Menschen? So viele unglückliche Menschen? Natürlich nicht.

Den Tröster schicken

Bevor Jesus wegging, sagte er, es sei besser für ihn zu gehen, weil er den anderen Tröster schicken würde, der in uns lebe, in uns wohne. Hast du dich selbst schon als Haus für den Heiligen Geist gesehen?

Ich schon. Ich rede oft mit ihm, weil er direkt hier in meinem Herzen ist. Er ist bei mir, um mit mir zu reden. Er ist hier, um mir zu helfen. Er ist hier, um mich zu beraten. Er ist hier, um mich zu trösten.

Etwas Besonderes: der Heilige Geist murrt nicht und beschwert sich auch nicht. Er hat immer Hoffnung und Glauben und liebt das Gebet und den Lobpreis. Bin ich manchmal deprimiert, dann fühle ich, wie er sagt: „Warum machst du nicht mit? Laß uns den Vater zusammen preisen." Und das tun wir dann auch. Wir preisen Gott zusammen, und eine Weile später fühle ich mich viel besser.

Ich wollte Krankenschwester werden. Aber die Universität wollte mich nicht aufnehmen, weil ich in Mathematik schlecht war. Sie glaubten, ich könne die wissenschaftlichen Aufgaben nicht bewältigen, so mußte ich ein anderes Gebiet wählen. Ich war immer ein wenig traurig darüber. Eines Tages sagte mir der Herr: „Weißt du, Paula, du bist meine Krankenschwester."

Ich kann nicht sagen, wie sehr mich das freute. Der Herr ist der Arzt, aber er läßt mich seine Krankenschwester sein. Obwohl ich nie diplomierte Schwester werden kann, bin ich bei Jesus Christus als Schwester anerkannt. Obwohl wir selbst niemanden heilen können, können wir vom großen Arzt gebraucht werden. Wir können vom Heiligen Geist, der in uns lebt, eingesetzt werden und anderen Trost spenden. Den Trost, den wir von ihm erhalten haben, können wir jetzt an andere weitergeben. Je mehr wir erhalten, desto mehr können wir weitergeben.

Viele haben mich gefragt: „Wie bekomme ich einen Dienst? Wie hast du ihn bekommen?“ Ich erzähle ihnen, daß mein Dienst anfing, weil ich so viele Probleme hatte, und weil ich so viel Trost empfangen hatte, konnte ich so viel weitergeben.

Wenn wir Probleme haben und den Trost des Herrn empfangen haben, sind wir für den Dienst gesalbt. Gott möchte, daß wir seine Zeugen sind. Er will, daß wir anderen Menschen von Erfahrungen in unserem Leben Zeugnis ablegen und sie trösten, wenn sie die gleichen Probleme haben.

Offenheit lernen

Als Kinder lernen wir, nicht offen zu sein. Als ich vor vielen Jahren zur ersten Kindergartenvorstellung meiner Tochter Susan ging, sagte die Lehrerin: „Jede Woche haben wir eine Erzähl- und Vorzeigeshow. Susan bringt nichts zum Vorzeigen, aber sie erzählt immer alles.“

„Was erzählt sie denn so?“ fragte ich, obwohl ich es eigentlich gar nicht wissen wollte.

„Naja, alles, was so am Morgen bei ihr zu Hause vor sich geht ...“

Das war vor meiner Zeit als Christ, und es gab vieles, was morgens so vor sich ging, das niemand wissen sollte. Als ich an diesem Tag nach Hause kam, nahm ich Susan beiseite und sagte ihr: „Hör mal, was in diesem Haus vor sich geht, erzählst du bitte niemandem außerhalb des Hauses.“

Was ich Susan damit wirklich sagte, war: „Sei nicht offen. Sei verschlossen. Baue eine Mauer auf.“

Als Susan um die 20 Jahre alt war, ging sie durch eine Krise. Ich sagte ihr: „Du brauchst innere Heilung. Es sind viele

Dinge in deiner Kindheit geschehen, von denen du geheilt werden mußt.“

Susan sah mir direkt in die Augen und sagte: „Ich brauche keine innere Heilung. Mir ist nie etwas Schlechtes passiert. Ich hatte ein wunderbares Leben.“

Ich traute meinen Ohren nicht: „Wie kannst du das sagen? Ich weiß, wie dein Leben war.“

Aber sie bestand darauf, daß alles in Ordnung sei. Sie hatte allen Schmerz, die Trauer, die Erinnerung an die Streitszenen zwischen mir und ihrem Vater, den Schmerz nach dem Weggehen des Vaters, Erinnerungen an eine Mutter, die schimpfte und brüllte, die harten Worte, die ich aussprach, wenn ich die Kontrolle über mich verlor – all das hatte sie verdrängt.

Ich wußte, welche Rolle ich darin gespielt hatte, dieses Mädchen zu verletzen. Und da stand sie vor mir, schaute mich an und bestand unschuldig darauf: „Ich habe keine Probleme. Alles in meinem Leben war wunderbar.“ Es war eine Lüge, und sie hatte alle Erinnerungen verdrängt.

Schließlich gab ich ihr ein Buch über innere Heilung zu lesen. Nachdem sie es gelesen hatte, rief sie mich an und sagte: „Mutti, während ich das Buch las, mußte ich weinen. Einige Dinge kamen zum Vorschein. Ich hatte sie vergraben.“

Zum ersten Mal erhielt sie einen Schimmer dessen, was in ihrem Unterbewußtsein verdrängt war, und auf die Fassade, die sie davor errichtet hatte.

Angst, offen zu sein

Eines der größten Hindernisse, das uns im Dienst zurückhält, ist die Angst, offen zu sein. Satan sagt uns, niemand möge uns, wenn andere erfahren, wie wir wirklich sind. Aber das ist eine große Lüge. Ich reise um die Welt und erzähle den Menschen, was geschehen ist und was war. Ich erzähle jedem meine größten Sünden, wie ich Dinge in meinem Leben falsch gemacht habe, und sie lieben mich. Warum? Weil sie sich jetzt mit mir identifizieren können. Und sie sehen, daß Jesus mich geheilt und getröstet hat.

Ich habe lange Zeit niemandem erzählt, daß ich eine Abtreibung hatte. Als die Propaganda über die Legalisierung der Abtreibung im Gange war, wollte sich etwas in mir dagegen wehren. Aber ich schämte mich immer noch und konnte nichts tun. So kämpfte ich damit. Ein paar Jahre später, nachdem ich mein Leben völlig dem Herrn hingegeben hatte und mit dem Heiligen Geist getauft war, kam ich an einen Punkt, wo ich mich wieder mit dem Thema Abtreibung befassen mußte und sagte: „Ja, es war Mord. Ich habe mein Kind umgebracht." Und obwohl mir der Herr schon vergeben hatte, bat ich ihn nochmals um vollständige Vergebung. Dann konnte ich glauben, daß er meine Sünde vergessen hatte und konnte aufhören, mich ihrer zu schämen.

Ich habe nicht jedem erzählt, daß ich eine Abtreibung hatte, aber wenn es sich ergab, berichtete ich davon. Kurz nachdem ich entschieden hatte, davon zu erzählen, wurde ich als Rednerin zu einer Konferenz eingeladen. Dort war eine junge, unglückliche Frau. Weil ihr keiner der Seelsorger helfen konnte, wurde sie zu mir gebracht.

Ich kann mich immer noch daran erinnern, wie traurig und niedergeschlagen sie aussah, als sie in mein Zimmer kam. Ich fragte sie, was ihr Problem war, und sie sagte: „Ich habe eine unverzeihliche Sünde begangen." Ich fragte sie, was diese Sünde war, und sie sagte: „Ich hatte eine Abtreibung."

Ich wußte, daß Gott sie zu mir geschickt hatte. Ich konnte sie ansehen und sagen: „Ich hatte auch eine Abtreibung und erhielt Vergebung. Abtreibung ist keine unverzeihliche Sünde."

Weil ich Jesu Vergebung annehmen konnte und sie den Sieg in mir sah, wußte sie, daß dasselbe für sie galt und konnte seine Vergebung annehmen. Nicht nur das, sie hatte schon vorher um die Taufe im Heiligen Geist gebetet, aber noch nicht in Zungen geredet. Als wir um Vergebung gebeten hatten, fing sie sofort an, in neuen Zungen zu reden.

Am nächsten Tag erkannte man sie nicht wieder. Sie kleidete sich anders und ihr Gesicht hatte sich verändert, weil sie wußte, daß sie Vergebung hatte. Sie wußte, daß Jesus sie liebte.

Bei einer anderen Gelegenheit traf ich eine andere junge Frau. Man sagte mir, sie habe seit drei oder vier Tagen nur da gesessen und nichts getan, nichts gegessen, nicht geschlafen, nicht gebadet oder ihre Kleider gewechselt. Man befürchtete, sie erleide bald einen Nervenzusammenbruch. Als ich sie sah, erzählte ich ihr von der Liebe Jesu und daß sie wissen müsse, daß er ihr vergeben habe. Schließlich sagte sie: „Nein, er kann mir nicht vergeben." Ich fragte nach dem Grund, und sie sagte: „Weil ich eine Abtreibung hatte."

Ich sagte ihr, daß ich auch eine gehabt hatte und daß Gott mir vergeben hatte. Auch weil diese junge Frau die Liebe, den Sieg und die Befreiung von aller Schuld in mir sehen konnte, wurde sie davon befreit. Jetzt dient sie dem Herrn.

Anfangen zu dienen

Wir müssen nicht völlig geheilt sein, bevor wir anderen Menschen dienen können. Nachdem ich zwei Mal diesen Dienst empfangen hatte, fing ich an, mit anderen Menschen zu beten, weil ich die wunderbaren Dinge mitteilen wollte, die ich erlebt hatte. Während ich mit ihnen betete, empfing ich weitere Heilung. Teilte mir jemand ein Problem mit, erkannte ich: „Ich habe dieses Problem auch." Betete ich dann mit den Menschen für ihre Heilung, betete ich gleichzeitig für meine Heilung.

Heilung der Seele ist ein Prozeß. Gott ist schon jahrelang daran, mein Leben zu verändern. Bevor ich 1982 nach Europa kam, empfing ich intensive Heilung, weil viele Menschen für mich beteten. Und seitdem ich hier bin, hat Gott weiterhin Dinge an die Oberfläche gebracht, die er heilen möchte.

Eines Tages reagierte ich auf Karin. Sie ist das älteste Kind in der Familie, und in meiner Familie bin ich die jüngere Tochter. Die ältesten Kinder reden manchmal in einer ganz bestimmten Weise mit anderen Menschen. Ich hatte das Gefühl, Karin redete zu mir, als wäre sie meine Mutter, und reagierte wie ein kleines Kind. Ich wollte ihr sagen: „Sag mir nicht, was ich zu tun habe."

Plötzlich verstand ich das Problem. Sie erinnerte mich daran, wie meine Schwester, die sechs Jahre älter als ich ist, mit mir zu sprechen pflegte. Schließlich sagte ich zu Karin: „Ich glaube, ich brauche Heilung in Bezug auf meine ältere Schwester." Ich hatte den Eindruck, daß Gott bereit war, einige Dinge an die Oberfläche zu bringen – ein ganz neues Gebiet der Heilung für mich.

Gott benutzt unsere Beziehungen zu anderen, um uns zu heilen. Reagieren wir darauf, können wir nicht die andere Person dafür verantwortlich machen. Wir müssen vielmehr Gott fragen, warum wir so reagieren. Manchmal antwortet Gott nicht sofort, aber früher oder später wird er doch noch antworten. Und wenn wir ihn machen lassen, heilt er einen anderen verletzten Bereich in uns.

Unsere Gedanken erneuern

Und passet euch nicht diesem Weltlauf an, sondern verändert euer Wesen durch die Erneuerung eures Sinnes, um prüfen zu können, was der Wille Gottes sei, der gute und wohlgefällige und vollkommene. *Römer 12,2*

Unser Verstand oder Intellekt ist der Teil von uns, der denkt und überlegt.

Nachdem ich ein hingegebener Christ und mit dem Heiligen Geist getauft wurde, erwartete ich, ein wirklich guter Mensch zu sei. Zu meinem Entsetzen fand ich ganz schnell heraus, daß ich das nicht war. Wenn wir unsere Gedanken nicht der Herrschaft Jesu Christi unterstellen, orientieren sich unsere Gedanken noch immer nach dem Muster der Welt – dem Wort Gottes absolut entgegengesetzt. Wir haben einen mächtigen Kampf in uns. Es geht um die Kontrolle unseres Verstandes. Sowohl Gott als auch der Feind wollen in diesem Bereich Herrscher sein. Bis unser Denken mit dem Wort Gottes gefüllt und erneuert ist und wir ihm gehorsam sind, werden wir in diesem Kampf stehen.

Durch die Schrift verändert werden

Die Schrift kann und wird unser Denken verändern. Ich will ein Beispiel geben. Philipper 4,6–7 sagt: „Sorget euch um nichts, sondern in allem lasset durch Gebet und Flehen mit Danksagung eure Anliegen vor Gott kundwerden. Und der Friede Gottes, der allen Verstand übersteigt, wird eure Herzen und Sinne bewahren in Christus Jesus."

Als ich diese Stelle zum ersten Mal las, dachte ich: „Das ist wunderbar, Herr, aber ich bin besorgt. Wie kann ich das ändern?" Später zeigte mir Gott, daß die Antwort an derselben Stelle gegeben ist. Er will, daß wir unsere Anliegen mit Gebet, Flehen und Danksagung begleitet vor den Herrn bringen.

Das ist ganz anders als das Handhaben von Sorgen in der Welt. Haben wir ein Problem, tragen wir es mit uns herum und erzählen es jedem, der zuhört. Unsere Freunde leiden mit und erzählen es sogar anderen weiter. Vielleicht hilft das Erzählen ein wenig, die Spannung abzubauen, aber auf lange Sicht bewirkt es wenig Gutes.

Bevor wir unsere Denkmuster und folglich auch unser Verhalten verändern können, muß unser Verstand nach biblischem Muster erneuert werden. Das geschieht nicht über Nacht. Unseren Verstand zu erneuern, ist ein immerwährender Prozeß.

Wir müssen unseren Verstand mit dem Wasser des Wortes waschen. Wir müssen über dem Wort meditieren und nachdenken. Meditation nenne ich: das Wort einnehmen, schmecken, immer wieder kauen, schlucken und Teil von mir werden lassen.

Laßt mich ein Beispiel geben. Ich habe über Johannes 15 meditiert. Jesus sagt dort, er sei der Rebstock und wir die Zweige. Der Herr zeigte mir, wie die Zweige mit dem Stock verbunden bleiben. Sie machen überhaupt nichts. Weil ich so sehr beschäftigt war, wollte mir der Herr beibringen, wie ich in ihm ruhen könne, und wie er die Quelle meiner Kraft sein könne. Ich ging spazieren und dachte nur darüber nach, ein Zweig zu sein. Gott lehrte mich sehr viel, und selbst wenn ich jetzt in Gefahr bin, wieder zu beschäftigt zu sein, sagt er mir: „Gehe zurück, um wieder mit mir vereint zu sein. Sei einfach nur ein Zweig."

Manche von uns kennen viele Schriftstellen. Sie aber nur zu kennen oder nur einen ausgezeichneten Lehrer zu haben, hilft uns nichts, solange wir das Gelernte nicht auf unser Leben anwenden und nicht darin wandeln und leben. Bis wir das lernen, wird uns der Feind immer wieder schlagen.

Die Welt wird „dunkler". Es ist als Christ nicht einfach, in dieser Welt zu leben. Deshalb müssen wir den Anweisungen Gottes besondere Aufmerksamkeit schenken. Er will, daß wir ihm unsere Nöte erzählen, daß wir Fürbitte tun und ihm Dank sagen. Tun wir das, belohnt er uns mit seinem Frieden, der unsere Herzen und Gedanken in Christus Jesus bewahrt. Benutzen wir solche Worte Gottes, indem wir sie in jeder möglichen Situation anwenden, werden unsere Gedanken erneuert.

Negative und kritische Gedanken

„Übrigens, Brüder, alles, was wahr, alles, was ehrbar, alles, was gerecht, alles, was rein, alles, was liebenswert, alles, was wohllautend ist, wenn es irgendeine Tugend und wenn es irgendein Lob gibt, das erwägt!" (Philipper 4,8).

Solange unser Denken nicht erneuert ist, werden wir weiterhin negative und kritische Gedanken haben. Ich litt unter negativem und kritischem Denken, aber diese Schriftstelle hat mich total verändert.

Kritische und negative Menschen wurden oft von Perfektionisten erzogen. Mein Vater war nicht nur ein Perfektionist, er war auch ein Experte in Sachen Tüchtigkeit. Jede Woche kontrollierte er mein Zimmer, um zu sehen, ob es richtig geputzt sei. Wie bemühte ich mich doch, seinen Ansprüchen zu genügen. Einmal war ich sicher, daß er nichts mehr auszusetzen hätte. Aber weil mein Vater Perfektionist war, war er nie zufrieden, bis er etwas gefunden hatte. Schließlich ging er mit seinem Finger über die Leiste des Duschvorhanges in meinem Badezimmer und fand etwas Staub.

Es macht Angst, eine negative Person zu sein. Die gute Nachricht ist jedoch folgende: Fixieren wir unsere Gedanken auf die Dinge, die uns Paulus aufzeigt, können wir anfangen, Situationen in einem positiven Licht zu sehen. Ich bin nicht mehr annähernd so negativ, wie ich es einmal war, aber manchmal vergesse ich es und mache einen Fehler. Neulich bereitete ich mich auf eine Reise vor und fing an herumzumeckern, daß ich nicht mit allem fertig würde. Meine Gedanken waren negativ. Bald darauf war auch negativ, was aus meinem Mund kam; und je negativer ich sprach, desto größer wurde das Problem.

Als ich schließlich aufhörte, mich zu beschweren und den Herrn fragte, was ich tun solle, zeigte er mir einen viel einfacheren Weg. Es war erstaunlich. Sobald ich anfing, ihm zuzuhören, wurde mein Berg von Problemen kleiner und kleiner. Holen wir den Herrn in unsere Situationen hinein und hören ihm zu, kann er uns einen positiven Weg zeigen, der alles verändert. Gott möchte, daß wir unsere Gedanken auf das Gute und Reine in unserem Leben fixieren. Wir sollen seinen Frieden haben.

Perfekt sein

Die Schrift ist voller praktischer Wege, die unseren Verstand erneuern. Epheser 5,26 sagt, das Wort wasche uns. Philipper 4,4 befiehlt, sich immer im Herrn zu freuen.

Im zweiten Korintherbrief lernen wir, daß uns Gott Waffen zum Kampf gegeben hat, die nicht wie die Waffen der Welt sind. Unsere Waffen sind geistlich und haben göttliche Kraft, Festungen, Argumente und Vorwände niederzureißen, die sich gegen die Erkenntnis Gottes aufstellen. Paulus sagt: „wir nehmen jeden Gedanken gefangen unter den Gehorsam Christi“ (2. Korinther 10,5).

Wir können diese Schriftstelle gegen negative Ideen, sexuelle oder andere Gedanken einsetzen, die in unseren Verstand gelangen. Kurz nachdem ich im Heiligen Geist getauft worden war, kamen mir während einem Gottesdienst die schlimmsten Gedanken. Ich fühlte mich schuldig und dachte, ich sei sehr böse. Natürlich hörte ich nichts vom Gottesdienst.

Später ging ich zu einer Seelsorgerin, die mir versicherte, das seien nicht meine eigenen Gedanken gewesen. In Wirklichkeit waren es feurige Pfeile des Feindes. Falsche und negative Gedanken sind solange nicht unsere Gedanken, bis wir sie dazu machen. Das passiert erst, wenn wir mit ihnen übereinstimmen und sie zu bequemen Gästen in unseren Gedanken machen. Meine Seelsorgerin zeigte mir die Schriftstelle im zweiten Korintherbrief, und ich erkannte, daß ich Autorität hatte, diese falschen Gedanken niederzureißen und sie unter den Gehorsam Jesu Christi zu bringen.

Weil Jesus Herr ist über unseren Verstand, weil wir seine Gesinnung haben (1. Korinther 2,16), weil uns das Blut Jesu reinigt (1. Johannes 1,7), können wir einfach sagen: „Dieser Gedanke ist nicht von mir. Ich binde ihn im Namen Jesu."

Disziplin ist Arbeit

Unseren Verstand zu erneuern und ihn unter den Gehorsam Jesu zu bringen, ist Arbeit. Allzu oft erwarten wir, daß das „automatisch" geschieht, aber das funktioniert nicht. Es ist harte Arbeit. Disziplin ist immer Arbeit. Haben Sie schon einmal versucht, ein Kind oder einen Hund zu disziplinieren? Es ist sehr schwer. Haben wir uns jedoch entschieden, unsere Gedanken zu disziplinieren, können wir bei jeder ablenkenden Idee sagen: „In Jesu Namen weise ich das zurück. Ich lösche das aus meinen Gedanken. Ich nehme das nicht an. Ich will den Geist von Jesus Christus haben." Und wir können den Herrn um eine Schriftstelle bitten, auf die wir unsere Gedanken lenken. Das bedeutet, jeden Gedanken, jede Vorstellung und jedes Argument unter Jesu Gehorsam zu stellen.

Als ich damit anfing, war meine Gedankenwelt in einem so schlechten Zustand, daß ich dauernd beten und Autorität über meine Gedanken ergreifen mußte. Warum? Weil ich 32

Jahre lang meinen eigenen Weg gegangen war und alles in meine Gedanken hineingelassen hatte. Ich hatte eine sehr undisziplinierte Gedankenwelt und mußte irgendwie anfangen. Noch heute muß ich auf diese Disziplin achten.

Wir müssen endlich erkennen, welche Autorität wir über den Feind haben.

In Offenbarung 12,10–11 lesen wir: „Denn gestürzt wurde der Verkläger unsrer Brüder, der sie vor unsrem Gott verklagte Tag und Nacht. Und sie haben ihn überwunden durch des Lammes Blut und das Wort ihres Zeugnisses und haben ihr Leben nicht geliebt bis zum Tod."

Satan ist der Ankläger, er ist ein Lügner und ein Dieb. Seine letzte Kraft ist die Irreführung. Fühlen wir uns über bereits bekannte und vergebene Sünden schuldig, müssen wir uns daran erinnern, daß Verdammnis von ihm und nicht von Jesus kommt. Jesus überführt uns, wenn wir sündigen, aber er bringt niemals Verdammnis über uns. Wie überwinden die Heiligen Satan in obigem Vers? Durch ihr Zeugnis, durch das, was sie sagten, indem sie das „ich" unter die Herrschaft Jesu stellten.

Oft denken die Leute, alle ihre Probleme seien im emotionellen Bereich zu suchen. Wollen wir jedoch Heilung für unsere Seele, müssen wir mit allen drei Teilen unserer Seele arbeiten: dem Willen – unsere Entscheidungen und die Erneuerung unseres Verstandes – dem Denken – unsere Denkmuster und Argumente – und den Gefühlen. Ich habe jetzt viele Jahre für Menschen gebetet, und es wurde mir mehr und mehr bewußt, daß viele Menschen mehr Lehre und Verständnis brauchen, um sich richtig zu entscheiden und disziplinierter zu sein im Gebrauch von Gottes Wort, das den Verstand erneuert. Alle drei Bereiche unserer Seele müssen unter die Herrschaft Jesu gebracht werden, bevor wir wahre und dauerhafte Heilung unserer Seele erfahren können.

Wie bete ich für innere Heilung?

Viele Menschen haben mich gefragt, wie ich für innere Heilung bete. In diesem Kapitel werde ich einzelne Schritte aufzeigen, die ich durchlaufe.

Am Anfang einer Sitzung bete ich laut: „Herr, ich bin von dir abhängig.“ Ich meine damit Folgendes: „Herr, ich versuche nicht, das alles allein zu machen. Wir beide vertrauen dir. Wir bitten dich, uns zu helfen, wir bitten dich, die Erinnerungen an die Oberfläche zu bringen und Heiler zu sein.“ Ich bete laut, weil ich diese Tatsache von Anfang an für mich selbst und die andere Person klarstellen will. Es hilft mir auch, Gott bei seinem Wirken nicht im Weg zu stehen.

Ich sage der Person am Anfang, daß ich Notizen mache, weil ich ein schlechtes Gedächtnis habe. Ich mache keine ausführlichen Notizen, aber ich notiere mir gewisse Bereiche, die Heilung brauchen könnten und über die ich später noch mehr wissen möchte. Wir reden eine Weile zusammen. Ich will nicht die ganze Lebensgeschichte hören, versuche jedoch Schlüsselerlebnisse zu finden, die Probleme und Schwierigkeiten bereiten, wie zum Beispiel bestimmte Situationen, auf welche die Person reagiert. Da wir uns nur mit einem Bereich befassen können, brauchen wir nicht lange zu reden.

In seltenen Fällen lasse ich die Person bei unserem ersten Treffen einfach nur reden – aber meistens ist das nicht der Fall. Ich glaube nicht, daß viel reden viel bringt. Es ist zu einfach. Es ist zu einfach, lieb und mitfühlend mit jemandem zu sein und ein paar Schriftstellen mitzugeben. Das hilft meist nur für eine gewisse Zeit, bringt aber nicht die tiefe Heilung, die Jesus geben kann. Diese kommt nur, wenn wir uns vollständig auf den Heiligen Geist verlassen. Er allein kann eine bestimmte Erinnerung an die Oberfläche bringen.

Schlüsselerinnerungen an die Oberfläche bringen

Weil ich gerne zur Wurzel des Problems vorstoße, beten wir, daß Gott Schlüsselerinnerungen zum Vorschein bringt. Oft sind das Kindheitserinnerungen. Da einige nicht bereit sind, direkt in ihre Kindheit zurückzugehen, fangen wir mit einer Erinnerung an, die sie als Erwachsene erst vor wenigen Jahren erlebt haben. Sie fühlen sich dabei wohler. Manche sind so verletzt, daß es drei Treffen braucht, bis wir in die Kindheit vorstoßen können.

Ich half einer Frau, die erst vor kurzem zum zweiten Mal geheiratet hatte. Obwohl ich den Eindruck hatte, daß ihre erste Ehe ein Bereich war, in dem sie Heilung brauchte, wollte sie nicht darüber reden. Ich habe es bei den ersten zwei Treffen erfolglos versucht. Als wir jedoch beim dritten Mal zusammen beteten, sah sie sich selbst mit Jesus im Auto. Als ich sie fragte, wohin sie fuhren, war sie einen Moment lang still und sagte dann. „Oh nein, Jesus hat uns gerade zu dem Haus gefahren, in dem ich mit meinem ersten Mann gelebt hatte. Er sagt mir, daß wir in das Haus hinein gehen müssen." Sie wollte nicht, aber Jesus sagte ihr, daß er mit ihr komme. An dem Tag war sie in der Lage, mit Jesus zusammen in das Haus zu gehen, und sie wurde von einigen schmerzlichen Erinnerungen geheilt. Das war sehr wichtig, denn nun mußte sie die schmerzlichen Erinnerungen der ersten Ehe nicht in die zweite mitnehmen.

Im Glauben sehen

Ich möchte einen Augenblick über die Rolle von bildlichen Vorstellungen in der inneren Heilung reden. Ich mag den Ausdruck „Visualisierung" nicht, ich nenne es lieber „im Glauben sehen". Wir sehen dieses Phänomen im Leben von Bibelautoren. In Habakuk 2,1 sagt der Prophet: „Auf meine Warte will ich treten und mich stellen auf meinen Turm, damit ich erspähe und sehe, was er mir sagen wird und was für eine Antwort ich auf meine Klage bekommen werde." Jesaja und Jeremia schrieben unter anderen nieder, was Gott sie sehen ließ. Epheser 1,15–18 sagt: „Darum lasse auch ich nicht ab, ... eurer zu gedenken, daß der Gott unsres Herrn Jesus Christus, der Vater der Herrlichkeit, euch den Geist der Weisheit und Offenbarung gebe in der Erkenntnis seiner selbst, erleuchtete Augen des Herzens, damit ihr wißt, welches die Hoffnung seiner Berufung und welches der Reichtum seiner Herrlichkeit seines Erbes in den Heiligen sei."

Gott will, daß wir eine geistliche Sicht haben. Meiner Meinung nach entsteht heute viel Verwirrung, weil Menschen Dinge unterschiedlich „sehen".

Im Leib Christi gibt es eindeutige Visionäre. Sie sehen sehr klare Bilder, manchmal sogar farbige. Andere sind Hörer, sie hören Gottes Stimme klarer als andere. Und schließlich gibt es Menschen, die Dinge fühlen. Die meisten von uns sind solche „Fühler", wie ich zum Beispiel. Ich weiß mittlerweilen, daß diese Gefühle von Gott kommen. Oft bin ich von meinen Gefühlen bewegt. Oft kann ich spüren, was andere fühlen. Ich nähere mich auch der Prophetie, wenn ich spüre, daß Gott ein Wort für jemanden hat.

Es ist wichtig zu wissen, daß Gott mit uns reden will. Ein Teil der seelischen Heilung besteht darin, in Berührung mit Jesus und dem Heiligen Geist zu kommen. Innere Heilung besteht nicht aus einem Gebet mit jemandem, der die ganze Arbeit macht. Es ist auch kein Gebet, um Erinnerungen sehen zu können. Es heißt nicht, daß der Seelsorger meine Erinnerung sieht und mir sagt, was ich zu tun habe. Aber jemand hilft mir, mit Jesus in Kontakt zu kommen.

Nachdem ich mit einer Person geredet habe, kommen mir gewöhnlich ein paar Ideen. Vielleicht ein Gefühl, das Problem hänge mit dem Vater zusammen und die Person habe eine Wurzel der Bitterkeit. An dem Punkt bitten wir den Heiligen

Geist, eine Schlüsselerinnerung ins Bewußtsein zu bringen. Ich bete dann viel im Geist. Das Gebet im Heiligen Geist ist besser als alles andere, was ich selbst beten könnte. Und weil ich bete und der Heilige Geist durch mich betet, kann ich normalerweise fühlen, ob eine Erinnerung ins Bewußtsein gekommen ist.

Eindrücke empfangen

Manchmal ist sich die Person keiner Erinnerung bewußt, oder es scheint nichts zu geschehen. Vielleicht gibt mir der Heilige Geist dann einen Eindruck, etwas sei zu einem bestimmten Zeitpunkt geschehen. Er mag mir ein Alter angeben. Dann frage ich zum Beispiel: „Was ist passiert, als du fünf Jahre alt warst?"

Einmal betete ich mit einer Frau, welche die Liebe des Herrn nicht erfahren konnte. Ich fing im Geist an, für sie zu beten, indem ich bat, die Wurzel ihres Problems zum Vorschein zu bringen. Mir kam der Gedanke „Internat".

„Sind Sie jemals ins Internat gegangen?" fragte ich sie.

So war es, und die Zeit war sehr schwierig für sie. Die Mädchen dort hatten sich über sie lustig gemacht, und sie hatte eine Schutzmauer um ihre Gefühle herum aufgebaut, so daß sie nicht mehr verletzt werden konnte. So erkannten wir, für welches Gebiet wir beten konnten. Wir beteten für das Mädchen im Internat, das anders als die anderen war. Jesus begegnete ihr mit seiner heilenden Liebe. Ich sah sie am nächsten Tag, und sie lächelte. Sie sagte: „Es ist noch nicht zu Ende, aber ich kann das Licht sehen. Ich weiß, daß ich eines Tages vollständig frei sein werde."

Gibt mir der Herr ein Wort der Erkenntnis, löst das etwas aus. Selbst wenn ich einen Fehler mache und die Person überhaupt keinen Zusammenhang sieht, ist kein Schaden entstanden. Es ist auch schon geschehen, daß Menschen später zurückkamen. Obwohl sie sich beim Gebet an nichts erinnern konnten, erhielten sie später solche Erinnerungen.

Es stört mich nicht, wenn es aussieht, als hätte ich einen Fehler gemacht, weil der Heilige Geist manchmal Zeit braucht, um das auszugraben, was er offenbaren möchte. Unsere Erinnerungen und Gefühle sind miteinander verbunden, und mancher hat schmerzliche Dinge so tief in sein Unterbewußtsein vergraben, daß es länger dauert.

Weitere Schritte

Kommt eine Erinnerung, sage ich der Person, daß Jesus allgegenwärtig ist (Psalm 139,5–10; Apostelgeschichte 17,27–28). Ich kann das nicht mit meinem Verstand erfassen, aber ich weiß, daß es wahr ist. Er ist derselbe gestern, heute und in alle Ewigkeit. Er war dabei, als der Vorfall stattfand. So, wie wir ihm heute und in Zukunft vertrauen, können wir ihm auch für unsere Vergangenheit vertrauen.

Ich erinnere die Person auch daran, daß Gott die perfekte, bedingungslose Liebe ist. Oft erkennen wir beim gemeinsamen Gebet einen Fehler im Denken in bezug auf Gott. Vielleicht sieht sie, wie Jesus mit ihr oder mit anderen schimpft. Dann unterbreche ich sofort, weil das nicht mit dem Charakter von Jesus übereinstimmt – das ist ihre eigene, falsche Vorstellung. Mir scheint, Jesus wolle in diesem Heilungsprozeß immer Beziehungen wiederaufbauen. Er möchte einen Vater, der ein Kind geschlagen hat, ebenso erreichen wie das Kind, das geschlagen wurde. Er will beide heilen.

In einem nächsten Schritt bringen wir Jesus in die Erinnerung hinein. Ich gebe ein persönliches Beispiel. Die allererste Heilung erfuhr ich durch eine Erinnerung, die von Zeit zu Zeit auftauchte, die ich aber immer wieder unterdrückte. Diesmal erkannte ich, daß Jesus meine Erinnerung heilen wollte, also betrachtete ich sie, anstatt sie zu unterdrücken. In meiner Erinnerung war ich ungefähr drei Jahre alt, trug ein frisch gebügeltes Kleid und sah sehr gut aus. Meine Familie und ich waren beim Abendessen, als meine Mutter und mein Vater zu streiten anfingen. Der Streit wurde immer heftiger, bis sie sich mit Wasser bewarfen, und auch ich ganz naß wurde. Die Erfahrung war schmerzlich und beängstigend. Ich erlebte die Angst des Geschehenen, erlebte aber auch die Gegenwart Jesu. Ich fühlte Seine Hände auf meinen Schultern, während ich am Tisch saß und fühlte seine Liebe.

Im ersten Johannesbrief steht, daß die vollkommene Liebe von Jesus alle Furcht wegnimmt. Ich erfuhr, wie mich meine Furcht verließ und ich mich im Frieden fühlte.

Ich wußte, daß ich meiner Mutter und meinem Vater vergeben mußte, insbesonders ihren Streit. Ich vergab ihnen, daß sie mich naß gemacht und mir Angst eingeflößt hatten. Dann bat ich Jesus um Vergebung dafür, daß ich diesen Groll gegen sie gehabt hatte.

Heute kann ich mich noch immer daran erinnern, aber es ist eine neutrale Erinnerung. Der Schmerz und die Angst sind weg. Wenn ich mich daran erinnere, fühle ich Jesu Hände auf den Schultern des kleinen Mädchens und erfahre seinen Frieden.

Wenn wir Heilung erfahren, werden die Augen unseres Verständnisses geöffnet, und wir können Jesus sehen.

Gehe nicht zu schnell weiter

Wenn ich für jemanden bete und der Heilige Geist eine Schlüsselerinnerung hervorgebracht hat, halte ich die Person so lange wie nötig in dieser Erinnerung fest. Manche Leute möchten ihr ganzes Leben in zehn Minuten repariert haben und versuchen, zu schnell vorwärtszugehen. Ich halte sie an einem Punkt fest, bis die Heilung vollständig ist. Manchmal erinnere ich die Person daran, daß Jesus sagt, seine Schafe hörten seine Stimme, und wenn sie Jesus spüren, ermutige ich sie: „Höre auf Jesus. Höre darauf, was er dir sagen will." Wir müssen nicht durch alle schmerzlichen Erfahrungen unseres Lebens hindurchgehen, nur Schlüsselerfahrungen sind wichtig. Meine Eltern stritten häufig, aber Gott hat nur fünf Situationen in Erinnerung gerufen und geheilt. Aber jede war eine Schlüsselerinnerung, die der Heilige Geist an die Oberfläche gebracht hat.

Danach frage ich die Person, ob sie bereit sei, denen zu vergeben, die sie so verletzt hatten. Ist sie bereit, sprechen wir laut die Vergebung aus und bitten auch den Herrn um Vergebung. Dies laut auszusprechen, ist vorteilhaft und hilft, den Groll gegen andere Menschen abzulegen.

Zum Schluß schlage ich vor, daß die Person, für die ich gebetet habe, ein Gebetstagebuch führt, in dem sie aufschreibt, was im Gebet geschehen ist und was Jesus sagt. Oftmals geschieht beim Aufschreiben oder späteren Durchlesen noch mehr Heilung.

Gute Erinnerungen

Oft haben verletzte Personen nur schmerzhafte Erinnerungen. Haben sie jedoch Heilung erfahren, kann Gott auch gute Erfahrungen in unser Gedächtnis zurückrufen. Während einer Zeit in meinem Dienst öffnete Gott so viele Türen auf einmal, daß ich mich überwältigt fühlte. Dann brachte Gott eine Erinnerung zurück, als ich ein kleines Mädchen war. Mein Vater baute eine Hütte im Wald, und ich half ihm dabei. Er zeigte mir, wie man einen Nagel einschlägt. Eine Hand hielt den Nagel fest, während die andere meine Hand mit dem Hammer führte. Ich hatte Angst, daß ich seine Hand treffen würde, aber natürlich geschah nichts, da er ja meine Hand führte. Der Herr sagte mir: „Genauso gehe ich mit dir um. Ich halte das, was du machst und führe deine Hand." Es war eine schöne Erinnerung mit meinem Vater, die der Herr zurückgebracht hatte. Gleichzeitig zeigte er mir die Liebe und Führung des himmlischen Vaters.

Für zerbrochene Herzen beten

Für Menschen mit zerbrochenem Herzen bete ich etwas anders. Ich fange oft mit einer Schriftstelle an. Ich zitiere Psalm 34,18 „Der Herr ist nahe denen, die zerbrochenen Herzens sind, und hilft denen, deren Geist zerschlagen ist." Psalm 147,3: „Er heilt die zerbrochenen Herzens sind und lindert ihre Schmerzen" oder Jesaja 61,1–3: „Der Geist des Herrn ist auf mir; denn der Herr hat mich gesalbt. Er hat mich gesandt, den Elenden frohe Botschaft zu bringen, zu verbinden, die gebrochenen Herzens sind, Freilassung auszurufen den Gefangenen und Öffnung des Kerkers den Gebundenen, auszurufen das Gnadenjahr des Herrn und den Tag der Rache für unsern Gott, zu trösten alle Trauernden, den Trauernden Zions Frieden, ihnen Kopfschmuck statt Asche zu geben, Freudenöl statt Trauer, ein Ruhmesgewand statt eines verzagten Geistes."

Dann sollen die Menschen, für die ich bete, Jesus im Glauben sehen, wie er bei ihnen sitzt oder steht. Ich sage ihnen: „Nun bitte Jesus, dir dein Herz zu zeigen, die Verletzungen und Schmerzen. Und bitte ihn, diese Gefühle an die Oberfläche zu bringen, so daß sie geheilt werden können." Wir benennen diese Schmerzen: der Schmerz der Ablehnung, der Enttäuschung, der Trauer. Weiter sage ich: „Lege jetzt dein Herz in Jesu Hände und laß es los; laß alle Schmerzen und Verletzungen los."

Wenn Jesus ihr Herz berührt, bitte ich sie, sich selbst und ihr Herz zu dem Zeitpunkt zu sehen, als es zerbrochen wurde. Ich bete dann ungefähr so: „Herr, laß sie dich als den Herrn allen Trostes sehen, der uns in all unseren Nöten tröstet. Laß sie deine Liebe fühlen, laß sie fühlen wie du sie in dieser Liebe hältst. Gott, laß sie deinen Trost fühlen, deine bedingungslose Liebe, die Sicherheit deiner Liebe. O Vater, gib ihnen die Liebe, die sie brauchen. Vater, beseitige jetzt die Schmerzen und Verletzungen. Mache ihr Herz wieder vollständig heil. Herr, sie haben eine Schutzwand um ihr Herz herum gebaut, reiße sie sanft ein."

Während des Gebetes stelle ich mir Jesus vor, der ihr Herz berührt und sie heilt und wieder vollständig herstellt. Wenn mir der Herr nicht zeigt, daß ich etwas sagen soll, bleibe ich still. Ich bete solange, bis ich das Gefühl habe, es sei erledigt.

Hier, wie überhaupt bei Heilungen, sollen die Menschen die Gegenwart von Jesus sehen und spüren, weil Jesus heilt. Ich ermutige sie, sich bildlich vorzustellen, wie Jesus sie liebt. Wenn ihr Herz in der Kindheit zerbrochen wurde, sage ich vielleicht: „Sieh Jesus einfach an, wie er dich liebt, wie er dich hochnimmt und dich in seinen Armen hält."

Jesu Liebe spüren

Oft geschieht genau das – diese Personen können Jesu Liebe fühlen. Sie erfahren, daß er sie mit seiner Liebe umhüllt. Diese Liebe heilt die Verletzungen und Schmerzen. Der Grund, warum ich manche so leite, liegt darin, daß viele an ihren Schmerzen festhalten wollen. Wenden sie sich jedoch Jesu Liebe zu, lassen sie los.

Weil mich sowohl mein Vater als auch mein Mann verlassen haben, hatte ich Angst, daß mich auch Jesus verlassen würde, wenn ich nicht gut genug wäre. Ich habe bereits erzählt, daß mir Jesus einmal dazu sagte: „Paula, ich werde dich niemals verlassen." Ein anderes Mal sagte er mir: „Ich werde niemals von dir scheiden. Egal, wie du bist, ich werde mich niemals von dir trennen."

Diese Worte sind in mein Innerstes hineingedrungen. Bin

ich manchmal nicht so gut, wie ich sein sollte, sage ich dem Herrn: „Danke, daß du treu bist – danke für deine Güte. Ich danke dir, daß es nicht auf mich ankommt." Dann bringt mich seine Liebe an den richtigen Platz zurück.

Manchmal begleiten uns die Worte, die wir von Jesus hören, ein Leben lang. Im tiefen Schmerz halten sie uns aufrecht und helfen uns. Ich ermutige die Menschen, auf Jesus zu hören. Ich bitte sie, laut auszusprechen, was sie sehen und hören. Dadurch wird es nicht nur realistischer für sie, auch ich muß wissen, was sie hören und sehen, um zu beurteilen, ob es schriftgemäß sei. Oft kann ich bestätigen, daß sie hören, was ich spüre. Dadurch sind sie ermutigt und wissen, daß sie wirklich den Herrn hören.

Gott möchte, daß wir alle seine Stimme hören. Jesus ist gekommen, um mit uns Gemeinschaft zu haben. Der Heilige Geist ist gekommen, daß wir Gemeinschaft mit Gott haben können. Das gilt nicht nur für die mit zerbrochenen Herzen. Jeder von uns muß täglich hören, zuhören und mit ihm reden. Sagen wir: „Guten Morgen, Herr," wollen wir auch von ihm ein „Guten Morgen" hören. Ich weiß nicht, wie jemand ohne Gemeinschaft mit dem Herrn leben kann. Er ist der einzige, der uns genau das sagen kann, was wir brauchen.

Kann jeder geheilt werden?

Kann jeder durch Heilung der Seele geheilt werden? Diese Frage wird mir oft gestellt. Kommt jemand zu mir, kann ich normalerweise nach einer Sitzung sagen, ob ich in der Lage sei zu helfen. Gott hilft mir zu erkennen, ob ich helfen kann oder ob die Person zu jemand anderem gehen müsse. Sind mir die Probleme zu verworren, schlage ich vor, einen ausgebildeten christlichen Seelsorger oder sogar einen christlichen Psychologen aufzusuchen.

Ich glaube nicht, daß Heilung der Seele jedermanns Sache ist. Auch ist nicht jeder fähig, für sich selbst zu beten. Beten wir für Befreiung und Heilung und kommen in einen Bereich, den wir nicht verstehen oder haben wir den Eindruck, die Heilung sei nicht vollständig, sollten auch wir um Hilfe bitten.

Nachdem ich das gesagt habe, muß ich noch anfügen, daß ich glaube, daß die meisten Menschen geheilt werden können, indem sie für sich selbst beten oder mit einer Person, die Erfahrung im Gebet für andere hat. Im Leib Christi müssen wir die Furcht loslassen und zugeben, daß wir Probleme haben. Es ist sehr heilsam, sich einem christlichen Bruder oder einer christlichen Schwester gegenüber zu öffnen.

Ich selbst habe für Personen mit den unterschiedlichsten Problemen gebetet. Ich erwähne nachfolgend ein paar Bereiche, wofür ich gebetet habe.

Homosexualität

Ich habe nie mit Homosexuellen gebetet, die ein aktives sexuelles Leben führten, aber mit mehreren jungen Männern, die glaubten, homosexuell zu sein, ohne diesen Lebensstil je aufgenommen zu haben. Ich habe die Erfahrung gemacht, daß viele mißbraucht wurden und als Kinder in homosexuelle Aktivitäten verwickelt waren. In zwei Fällen hatte keiner der jungen Männer irgendeine Erinnerung daran, bis wir beteten und der Heilige Geist die Erinnerung zurückbrachte.

Ein anderer junger Mann war das Opfer falschen Glaubens. Sein ganzes Leben lang haben ihm Menschen gesagt: „Du bist anders," und er hat ihnen geglaubt. In diesem Fall brachen wir die Kraft der Lügen, die andere über ihn erzählten.

In Fällen von Homosexualität muß die Person jedoch auch praktisch ihr Leben verändern. Die ganze Seele muß geheilt werden, nicht nur die Gefühle. Wer in Homosexualität verwickelt war, muß das Wort Gottes sehr ernst nehmen, seinen Verstand erneuern, und die richtigen Entscheidungen treffen. Wer diese drei Dinge tut, kann geheilt werden.

Ich kenne einen Pastor, der in seiner Vergangenheit aktiv homosexuell gelebt hatte. Er ist geheilt, heute glücklich verheiratet und dient einer wachsenden Gemeinde. Obwohl er Homosexuellen dient, ist es keine Gemeinde ehemaliger Homosexueller.

Sexueller Mißbrauch

Sexueller Mißbrauch, Inzest und Vergewaltigung sind in unserer Gesellschaft viel weiter verbreitet als ich vermutet hatte. Lange glaubte ich, daß sie vor allem in den USA vorkamen, aber nachdem ich mit vielen Menschen als Seelsorgerin gearbeitet hatte, erkannte ich es als weltweites Problem.

Bete ich für sexuell mißbrauchte Männer und Frauen, bin ich oft die erste Person, der sie erzählen, was ihnen passiert ist. Einmal kam eine junge Frau mit einem großen Problem der Lust. Dieses Problem hatte ihre Scheidung verursacht. Als wir zusammen beteten, erzählte sie, daß sie vom Freund ihrer Schwester mißbraucht wurde, als sie elf Jahre alt war. Dadurch fühlte sie sich schuldig und unrein. Zusätzlich hatte der

Mißbrauch der Lust und Perversion die Tür geöffnet. Als ich ihr sagte, daß Jesus zum mißbrauchten Kind kommen und ihm dienen würde, fragte sie: „Wie kann Jesus dort sein? Es ist so böse und voller Sünde." Aber als ich im Geist für sie betete, fühlte sie plötzlich einen großen Frieden und spürte, daß sie Jesus von ihrer falschen Schuld befreite und ihren Körper von allem reinigte.

Der Herr sprach auch Worte der Liebe zu ihr. Sie schloß die Türen, durch die der Feind zurückkommen konnte, indem sie für sich Vergebung annahm und dem jungen Mann vergab. Das war der Anfang ihrer Heilung.

Eine andere Frau war von ihrem Vater sexuell mißbraucht worden. Inzest ist außerordentlich zerstörerisch für die Beziehung zum himmlischen Vater. Große Furcht wird dadurch hervorgerufen, und die betroffene Person baut Wände des Selbstschutzes um sich auf.

Während ich mit dieser Frau betete, wiederholte ich immer wieder: „Du warst ein Kind, ein Opfer." Ich machte das, um die Lüge zu brechen, die so viele sexuell mißbrauchte Leute mit sich herumtragen – die Lüge, sie seien für das Geschehene verantwortlich. Wir baten Jesus, sie zu berühren. Da sie seine Gegenwart nicht spüren konnte, sagte ich ihr: „Du mußt deinem Vater vergeben, wie Jesus dir vergeben hat."

Sie erklärte, das könne sie nicht, aber ich versicherte ihr: „Richtig, aber wir bitten Jesus, daß er dir die Gnade gibt zu vergeben." Dann baten wir Jesus um seine Hilfe. Gnade erfüllte sie, und die Bitterkeit und die Wut wurden freigelassen. Als sie ihrem Vater vergab, erfuhr sie selbst Jesu Gegenwart mit seinem Frieden und seiner Liebe. Sie fühlte auch eine Reinigung ihres Körpers und ihres Verstandes, und zum ersten Mal erlebte sie die Gegenwart ihres himmlischen Vaters.

Ehen in Schwierigkeiten

Wenn einer der Partner Heilung der Seele erfährt, verbessert sich die Ehe fast immer. Oft muß dafür aber mit beiden zusammen gebetet werden.

Bevor ein Ehepaar für innere Heilung zu mir kam, sagte der Mann seiner Frau: „Wenn du nicht geheilt wirst, bin ich nicht sicher, ob unsere Ehe halten wird." Die Frau bat zuerst um Gebet. Als wir anfingen, saß der Mann ungefähr einen Meter von ihr entfernt auf der Wohnzimmercouch. Als Jesus damit begann, Kindheitserinnerungen zurückzubringen und sie zu heilen, merkte ich, wie der Mann näher und näher zu seiner Frau rückte. Schließlich saß er ganz neben ihr, und sein ganzer Ausdruck hatte sich verändert. Als wir weiter beteten, nahm er ihre Hand. Bald hatte er seinen Arm um sie gelegt. Als wir das Gebet beendeten, küßte er sie, und Tränen liefen seine Wangen herab. Während ich mit seiner Frau betete, hatte er einen Einblick bekommen, warum sich seine Frau so verhielt. Gott gab ihm ein Mitgefühl für sie, wie er es noch nie erfahren hatte.

Als er dann dran war, ließ mich der Herr mit dem kleinen Jungen in ihm anfangen. Das verwunderte den Mann, denn das hatte er nicht erwartet. Aber als Jesus den verletzten kleinen Jungen in ihm heilte, schaute seine Frau ihn auch anders an. Plötzlich sah sie ihn nicht mehr als harten Mann, für den sie ihn hielt, er war ein verletzter kleiner Junge.

Ich glaube, daß Eheleute ihren Stolz und ihre Ängste hinter sich lassen und verletzlich werden müssen. Sie müssen lernen, wie sie füreinander für innere Heilung beten können. Das wird zunächst nicht einfach sein, aber der Herr kann daraus etwas Wunderbares wirken für alle, die durchhalten.

Nichtchristen

Ich bete gerne mit Nichtchristen für innere Heilung, weil sie diese Art von Gebet oft zum Herrn führt.

Einer meiner Freunde betete für eine Frau, die gesehen hatte, daß ihre Schwester geheilt worden war und nun das wollte, „was meine Schwester hat". Die einzige Schwierigkeit bestand darin, daß sie nicht an Jesus glaubte. Sie wollte nicht einmal seinen Namen aussprechen.

Der Seelsorger fragte sie, ob sie ihn „diesen Mann" nennen wolle, und sie stimmte zu.

Während der Seelsorger betete, kam „dieser Mann" in verschiedene Erinnerungen aus der Kindheit dieser Frau hinein. Da gab es eine Schlüsselerinnerung: Sie wurde als kleines Mädchen schwer bestraft, weil sie in die Hose gemacht hatte. „Dieser Mann" hob das schmutzige, nasse kleine Mädchen hoch und tröstete sie nicht nur, sondern machte sie auch noch sauber.

Dann sagte der Seelsorger zu ihr: „Weißt du, so ist Jesus. Er nimmt dich, wie du bist und macht dich sauber."

Eine Woche später nahm diese Frau Jesus an, weil „ich mich in diesen Mann verliebt habe", sagte sie, „und wenn sein Name Jesus ist, möchte ich, daß er mein Heiland wird."

Ich betete für die Geistestaufe für eine junge, jüdische Frau aus Israel, die den Herrn durch innere Heilung in England angenommen hatte. Als ihre ungläubige Schwester zu Besuch kam, bat mich diese Frau, für die innere Heilung ihrer Schwester zu beten.

Heilung und Annahme von Jesus waren für diese junge Frau ein Prozeß. Als ersten Schritt mußte sie erkennen, daß ein Gott existiert. Nach der zweiten Sitzung, kurz bevor sie nach Israel zurückkehrte, wußte sie, daß sein Name Jesus war.

Bei Einsätzen in Holland und Dänemark diente ich Prostituierten. Ich predigte aber nicht von Sünde, Umkehr und Errettung. Ich brachte ihnen eine Botschaft über Heilung für zerbrochene Herzen, über Verletzungen und die Gründe, warum sie Jesus nicht annehmen können. Das ist eine Botschaft des Trostes, der Liebe und des Hineingehens in Bereiche, wo viele Verletzungen vorkommen.

In Amsterdam haben wir eine Gemeinschaft von 40 bis 50 wiedergeborenen ehemaligen Prostituierten und ihren Kindern. Interessant ist, daß diese Frauen sofort im Heiligen Geist getauft werden. Sie wissen nicht einmal, was das ist, aber sie wissen, daß sie die Kraft brauchen. Da sie keinen theologischen Hintergrund haben, lehnen sie es nicht ab, sie nehmen es einfach an und empfangen.

Niemand muß einer Prostituierten sagen, daß sie ihren Job verlassen müsse. Sie weiß es. Viele kommen nach vorne und sagen: „Ich möchte Jesus. Bete, daß ich aufgeben kann, was ich bisher getan habe."

Meine einzige Botschaft für diese Menschen ist Jesus und seine Liebe. Der heilige Geist erledigt den Rest.

Innere Heilung braucht Zeit

Nachdem ich in den letzten zehn Jahren oft mit Menschen gebetet habe, realisiere ich mehr denn je, wie sehr wir immer schnelle Antworten wollen. Wir möchten, daß uns jemand in einen Stuhl setzt, mit uns betet, und – „Klick" – sind wir erlöst von allem, was uns Probleme bereitet. Aber Heilung ist ein Prozeß, der Zeit und Disziplin braucht. Das bedeutet, mit Jesus zu wandeln.

Nach dem Gebet für innere Heilung geht es uns vielleicht für eine Weile gut, später taucht dann ein anderes Problem auf. Vielleicht reagieren wir falsch oder wissen, daß wir vor Gott weglaufen oder werden von unverständlichen Ängsten und Spannungen zerrissen. Ist das der Fall, müssen wir entweder für uns selbst beten oder zu jemandem gehen, der mit uns beten kann.

Jedes Mal, wenn Gott etwas in meinem Leben macht, denke ich, es sei jetzt fertig, aber Gott arbeitet schon seit mehr als 20 Jahren an mir. Das ist ein langer und andauernder Prozeß. Natürlich haben nicht alle so ein großes Durcheinander wie ich. Aber ich preise Gott, daß er auch ein großes Chaos nimmt und daran arbeitet. Er bringt es in Übereinstimmung mit seinem Wort und mit seinem Willen. Mit jedem entfernten Hindernis bringt er uns in eine bessere Beziehung zu ihm.

„Der Geist des Herrn ist auf mir; denn der Herr hat mich gesalbt. Er hat mich gesandt, den Elenden frohe Botschaft zu bringen, zu verbinden, die gebrochenen Herzens sind, Freilassung auszurufen den Gefangenen und Öffnung des Kerkers den Gebundenen" (Lukas 4,18).

Dies ist der Dienst der Gemeinde. Dies ist unser Dienst. Laßt uns zu Jesus gehen und unsere Heilung empfangen, so daß wir die Arbeit des Vaters tun können.